INSTRUCTION

SUR

LE TIR DU FUSIL RAYÉ

D'INFANTERIE

ET

DU MOUSQUETON RAYÉ DE GENDARMERIE,

approuvé par le Ministre de la guerre, le 17 novembre 1860.

Librairie militaire de V° BERGER-LEVRAULT et FILS,

ÉDITEURS DE L'ANNUAIRE MILITAIRE.

PARIS, | STRASBOURG.

SAINTE-PÈRES, 8. | RUE DES JUIFS, 28.

INSTRUCTION

SUR

LE TIR DU FUSIL RAYÉ

D'INFANTERIE

ET

DU MOUSQUETON RAYÉ DE GENDARMERIE,

approuvée par le Ministre de la guerre, le 17 novembre 1860.

——∘∘✳∘∘——

Libraire militaire de Vᵉ Berger-Levrault et Fils.

ÉDITEURS DE L'ANNUAIRE MILITAIRE DE L'EMPIRE FRANÇAIS.

Paris, | **Strasbourg,**
Rue des Saints-Pères, 8. | Rue des Juifs, 26.

1864.

Strasbourg, imprimerie de Vᵉ Berger-Levrault.

INSTRUCTION

SUR

LE TIR DU FUSIL RAYÉ

D'INFANTERIE

ET

DU MOUSQUETON RAYÉ DE GENDARMERIE.

TITRE PREMIER.

BASES DE L'INSTRUCTION DU TIR DANS LES CORPS D'INFANTERIE.

PREMIÈRE PARTIE.

Des instructeurs et de leurs attributions.

Dans chaque régiment, l'instruction de tir, placée comme toutes les autres parties du service, sous l'impulsion et sous la responsabilité du chef de corps, est confiée à la direction particulière du lieutenant-colonel et à la surveillance des chefs de bataillon.

Un capitaine, ayant suivi comme officier les cours de l'école de tir, est chargé des fonctions d'instructeur de tir, sous la direction du lieutenant-colonel.

Un lieutenant ou sous-lieutenant, ayant suivi, comme officier, les cours de l'école normale de tir, exerce dans chaque bataillon les fonctions de lieutenant instructeur de tir; il est, quant à ses fonctions spéciales, sous les ordres et à la disposition du capitaine instructeur.

Il y a, dans chaque compagnie, un sergent chargé des fonctions d'instructeur de tir.

Le lieutenant-colonel est, ainsi qu'il vient d'être dit, chargé de diriger l'instruction de tir.

Il se fait rendre compte, par le capitaine instructeur, du degré d'instruction des jeunes soldats, et par les chefs de bataillon, des progrès des anciens dans les compagnies. Il veille à ce que les officiers acquièrent les connaissances théoriques et pratiques nécessaires pour diriger les soldats dans les exercices de tir.

Il contrôle la tenue des registres de tir; il s'assure que les classes de tireurs sont formées comme le prescrit la présente instruction.

Il préside les conférences qui ont lieu aux jours fixés par le colonel, et auxquelles assistent les capitaines, les lieutenants et les sous-lieutenants. Dans ces conférences, dont le sujet est déterminé à l'avance par le président, le capitaine instructeur ou un autre officier ayant suivi les cours de l'école de tir, désigné par le colonel, développe les principes qui servent de base à la théorie et à la pratique du tir, en se conformant au dernier programme inséré au Journal militaire.

Le lieutenant-colonel veille au bon emploi des munitions. A la fin de chaque trimestre, il se fait remettre, par l'officier d'armement, un état conforme au modèle *G*, et par le capitaine instructeur, un relevé conforme au modèle *H*. Il s'assure, par la comparaison de ces états, que les recettes des compagnies n'excèdent pas les dépenses, et que les registres de tir justifient l'emploi de toutes les cartouches sorties du magasin.

L'instruction d'un régiment ne pouvant être conduite avec fruit qu'autant que les officiers et les sous-officiers connaissent bien la théorie et la pratique du tir, on donne d'abord l'instruction aux lieutenants et aux sous-lieutenants.

L'instruction des officiers ne pouvant être solidement établie qu'en joignant la pratique à la théorie, il y a, dans chaque régiment, pour les lieutenants et sous-lieutenants, des exercices pratiques de tir, indépendamment des théories qui leur sont faites à ce sujet.

Le capitaine instructeur de tir du régiment est chargé de cette instruction, sous la surveillance du lieutenant-colonel.

Dans chaque détachement, un capitaine, désigné par le colonel, est chargé de l'instruction théorique et pratique des lieutenants et sous-lieutenants. Cette instruction se fait sous la direction, la surveillance et la responsabilité du chef de détachement.

L'instruction des sous-officiers suit celle des lieutenants et des sous-lieutenants, et précède toujours celle de la troupe. Cette instruction est donnée, dans chaque bataillon, par le lieutenant instructeur, sous la surveillance, la direction et la responsabilité du capitaine instructeur.

Les caporaux les plus intelligents suivent l'instruction donnée aux sous-officiers.

Les officiers de semaine de toutes les compagnies assistent à ces exercices; ils sont à la disposition du capitaine de tir, qui les fait commander alternativement les leçons.

L'instruction des caporaux et soldats, à l'exception de celle des hommes de recrue, se donne par bataillon et par compagnie, sous la surveillance du capitaine, et sous la responsabilité du chef de bataillon. Le chef de bataillon doit, par conséquent, veiller à ce que l'instruction, dans chaque compagnie, soit donnée régulièrement et conformément aux principes démontrés précédemment par les officiers instructeurs de tir. Il veille également à ce que les résultats de tir soient exactement mentionnés sur les registres à ce destinés. Il tient note des remarques que la pratique lui suggère, et en rend compte au lieutenant-colonel.

Il veille sur le terrain au bon emploi des munitions, en s'assurant que chaque homme tire le nombre de cartouches prescrit par la présente instruction, et n'en tire pas davantage.

Le capitaine instructeur fait la théorie aux lieutenants et sous-lieutenants. Il exerce ces officiers à la pratique du tir; il les réunit, à cet effet, aux jours et heures indiqués par le colonel. Il dirige dans leurs fonctions les officiers instructeurs; il est exclusivement chargé, avec ces officiers, de former tous les les sous-officiers et les caporaux les plus intelligents, dans les fonctions d'instructeur de tir. Il dirige l'instruction des recrues. Il tient le registre de tir du régiment. Le capitaine instructeur assiste aux tirs des compagnies, et fait observer les principes prescrits. Pendant toute la durée des exercices de tir, il **est** exempt du service de place et de semaine.

Le lieutenant ou le sous-lieutenant instructeur de chaque bataillon est chargé de donner, sous la direction du capitaine instructeur, l'instruction théorique et pratique de tir à tous les sous-officiers de son bataillon et aux caporaux les plus intelligents. Il est chargé, sous les ordres du capitaine instructeur, de l'instruction des hommes de recrue de son bataillon. Il tient les registres de tir du bataillon. Cet officier assiste aux exercices de tir des compagnies, et, chargé d'en constater les résultats, il est responsable des errreurs qui pourraient être commises, soit dans le nombre des coups tirés, soit dans le relevé des coups ayant touché la cible, soit dans les dimensions du but, soit dans la mesure de la distance. En un mot, il seconde, en tout ce qui concerne l'instruction de tir, le chef de son bataillon, d'une part, et, de l'autre, le capitaine instructeur. Pendant toute la durée des exercices de tir, les lieutenants ou sous-lieutenants instructeurs de tir sont exempts du service de place et de semaine.

L'officier d'armement est chargé de l'entretien du matériel de tir. Il distribue les munitions sur des bons signés : par les commandants de compagnies, pour les anciens soldats; par le lieutenant instructeur de tir de chaque bataillon, pour les jeunes soldats; et par le capitaine instructeur de tir, pour les officiers du régiment.

Il remet, tous les trois mois, au lieutenant-colonel, le relevé des cartouches distribuées par compagnie, pour les anciens soldats, et par bataillon, pour les jeunes soldats.

Les tirs des officiers n'étant pas portés sur le registre de tir, l'emploi des cartouches brûlées dans ces exercices n'est constaté que par le capitaine de tir, qui signe les bons.

L'officier instructeur de tir de chaque bataillon constate, par des bons qu'il signe, la consommation des cartouches employées dans le concours de tir.

Le commandant de chaque compagnie, à son arrivée sur le terrain, remet au chef de bataillon la situation de sa compagnie pour le tir à la cible de la séance, établie conformément au modèle *E*. Le chef de bataillon la vérifie ou la fait vérifier en sa présence par l'officier de tir. Dans les corps formés d'un seul bataillon, la situation de chaque compagnie est remise, en arrivant sur le terrain, par le sergent-major, à l'officier de tir; les commandants de compagnies en demeurent responsables.

L'officier de tir prend note, sur son carnet, disposé conformément au modèle *F*, du nombre de tireurs, et donne la situation au sergent instructeur. Celui-ci remplit la colonne *balles mises*, à mesure que le tir a lieu. Il fait une coche, quand le fanion se lève, et marque d'un point les coups douteux. Le tir achevé, l'officier de tir, aidé d'un sous-officier ou d'un caporal, compte le nombre de coups marqués sur la cible. Le sergent instructeur rectifie, d'après ce relevé, les indications prises dans le tir. S'il y a plus de coups que de coches et de points, il remplace ceux-ci par des coches, et les coups excédants sont perdus. S'il y en a moins, il remplace seulement par des coches, jusqu'à concurrence du nombre des coups, les points appartenant aux meilleurs tireurs, et annule les autres points. Il totalise ensuite la colonne *balles mises*, ainsi rectifiée. L'officier de tir prend note du total sur son carnet, et remet la situation au sergent-major.

Le sergent-major fait inscrire par le fourrier, en rentrant du tir, sur la feuille de compagnie, les résultats de la séance, et reporte la situation à l'officier de tir. Celui-ci tient lui-même un cahier double des feuilles de tir de toutes les compagnies du bataillon, qu'il remplit à l'aide de situations, le lendemain de chaque séance, au plus tard. Il remet toutes les situations au capitaine instructeur, qui les classe et les garde sous sa responsabilité, jusqu'à la fin de l'année courante.

Le chef de bataillon fait vérifier, une fois par mois, par l'officier de tir, les feuilles de tir des compagnies du bataillon, au moyen du cahier double tenu par cet officier. Le chef de corps fait faire cette vérification par le capitaine instructeur, au moyen des situations, toutes les fois qu'il le juge nécessaire.

La méthode précédente est appliquée à l'instruction des jeunes soldats. La situation de l'effectif des jeunes soldats de chaque bataillon, est établie par l'officier de tir du bataillon, est remise, après l'inscription des résultats sur la feuille, au capitaine instructeur. Le chef de bataillon fait vérifier, une fois par mois, par le capitaine instructeur, la feuille de tir des jeunes soldats du bataillon à l'aide des situations.

Le sous-officier instructeur de chaque compagnie est chargé d'instruire les recrues, sous les ordres du lieutenant instructeur du bataillon. Il assiste à tous les tirs de sa compagnie, lors même qu'il est employé à l'instruction des recrues, et prend note des balles mises dans la cible par chaque tireur. Il reçoit les munitions des mains de l'officier d'armement, et les distribue suivant les ordres de son capitaine. Il est chargé du transport, de la conservation; de la réparation des cibles et du matériel d'instruction. Pendant toute la durée des exercices de tir, les sergents instructeurs sont exempts du service de place et de semaine.

La série entière des exercices de tir peut être parcourue, dans une année, par tous les sous-officiers, caporaux et soldats d'un régiment, sans nuire aux autres parties de l'instruction, et sans entraver les divers services. Elle doit être reprise chaque année par les anciens soldats.

Un tableau placé au titre IV indique le nombre de séances de deux heures qu'il faut consacrer à chaque article des leçons pour former les jeunes soldats, pour entretenir les anciens dans leurs bonnes habitudes, et la quantité de capsules, de cartouches à poudre et à balle que doivent consommer les uns et les autres.

Les chefs de corps dirigent l'instruction de tir de

manière à faire durer pendant la majeure partie de l'année; ils ne font jamais tirer plus de six balles dans la même séance, parce qu'une instruction précipitée est toujours mauvaise, et que, d'ailleurs, les meilleurs tireurs perdent de leur assurance s'ils restent longtemps sans être exercés.

Les officiers doivent connaître toutes les parties de la présente instruction.

Les lieutenants et sous-lieutenants sont exercés à la pratique du tir par le capitaine instructeur, sous la direction du chef de bataillon; ils passent par tous les degrés de la pratique du tir.

Les sous-officiers doivent étudier toutes les parties de la présente instruction, qui leur est expliquée par le lieutenant instructeur de tir du bataillon. Ils exécutent sur le terrain, sous la direction de cet officier, tout ce qui est prescrit dans le titre III et dans la première leçon du titre IV.

On ne doit pas astreindre ceux qui étudient la théorie du tir, à réciter littéralement le texte des leçons, excepté pourtant les mouvements de la position du tireur debout et à genou, ainsi que la manière de faire feu.

Nota. Dans la présente instruction, on désigne sous la dénomination de *jeunes soldats*, les hommes qui n'ont pas encore parcouru la série entière des exercices du tir à la cible et des feux d'infanterie.

DEUXIÈME PARTIE.

Méthode suivie dans l'instruction de tir. — Degré d'instruction correspondant au grade.

Pour que le fusil d'infanterie produise les effets que l'on peut attendre de son feu, il faut:

1° Que le soldat connaisse les différentes parties et

es accessoires du fusil; qu'il sache le démonter, le remonter et l'entretenir convenablement. Le règlement sur la conservation et l'entretien des armes dans les corps renferme tout ce qui est nécessaire à cette première base de l'instruction du tir. On doit enseigner aux jeunes soldats, à leur arrivée au corps, tout ce qui est relatif, dans ce règlement, à la nomenclature, au démontage, au montage et à l'entretien de leurs armes.

2° Que le soldat exécute régulièrement le chargement de l'arme (Voir page 92).

En outre, les hommes s'habituent par les exercices de l'école du soldat, à manier le fusil avec aisance, et se préparent ainsi à l'instruction de tir.

3° Que les règles de tir du fusil soient connues du soldat, c'est-à-dire qu'il sache de quelle manière il doit diriger son arme, suivant la distance du but.

4° Qu'il soit exercé à estimer les distances, afin de pouvoir appliquer les règles de tir.

5° Qu'il sache viser.

6° Qu'il prenne, dans le tir, une position qui lui permette :

De viser commodément;

De conserver facilement l'immobilité du corps;

De ne point pencher la hausse et le guidon à droite ou à gauche;

De supporter le recul.

7° Qu'en agissant sur la détente pour faire partir le coup, il ne dérange point le canon.

Telles sont les notions théoriques et les détails d'exécution qu'un tireur doit mettre en pratique pour obtenir généralement du fusil d'infanterie les meilleurs effets que cette arme comporte.

En passant en revue les différents détails d'exécution ci-dessus indiqués, on voit que pour exercer le soldat au tir, il n'est pas d'abord nécessaire de lui faire brûler une seule cartouche.

On peut simuler successivement toutes les opérations, tous les mouvements dont se compose le tir, et donner au soldat l'habitude de ces opérations et de ces mouvements avant de commencer le tir à la cible.

Pour que le soldat apprenne facilement à viser, on ne l'occupe que de cette seule partie de l'instruction de tir.

On l'habitue aux positions les plus commodes pour le tireur, en ne lui faisant faire autre chose pendant quelque temps que prendre, garder et quitter ces positions.

Ayant vaincu séparément ces deux premières difficultés, le soldat parvient à les vaincre réunies, et à viser en gardant la position prescrite. Dès lors, on peut l'amener à faire partir le coup, sans déranger l'arme, en agissant sur la détente. Le tampon est mis sur la cheminée pendant cet exercice, et le soldat, pour abattre le chien, est obligé au même mouvement que si l'arme était chargée et qu'il voulût faire feu. Quand il sait exécuter ce mouvement du premier doigt de la main droite, on l'exerce à l'exécuter en visant et en conservant les positions prescrites.

Parvenu à ce degré d'instruction pratique, le soldat n'a plus dans le tir réel qu'à s'habituer à l'explosion de la cartouche et au choc de l'arme contre l'épaule, au moment de l'inflammation de la charge.

Il s'y habitue d'autant plus facilement qu'il prend plus naturellement la position du tireur, qu'il est mieux affermi dans cette position, et qu'il la garde avec plus d'aisance.

Pour l'habituer à la détonation, on commence par

le faire tirer avec des capsules seulement, en veillant
à ce qu'il conserve l'immobilité de l'arme et la régularité de la position du tireur, tout en visant comme
il a déjà appris à le faire.

Pour l'habituer à l'effet du recul, on lui fait brûler
quelques cartouches sans balle, en se conformant à
tout ce qui a été prescrit et exécuté précédemment.

Cette marche suivie dans l'instruction pratique de
tir amène le soldat à surmonter, une à une, toutes
les difficultés de cette pratique, et à devenir un adroit
tireur avant d'avoir tiré une seule fois le fusil chargé
à balle.

En joignant à cette instruction pratique l'instruction théorique, strictement nécessaire, pour que le
soldat sache donner à son arme la direction déterminée par la distance du but, on est certain d'obtenir
dans le tir des résultats bien supérieurs à ceux auxquels on arriverait si l'on faisait passer les hommes,
sans préparation, de l'école du soldat au tir à la cible.

Quand le soldat a été exercé au tir à la cible, à
diverses distances, jusqu'à la limite des portées effi-
caces de l'arme, quand il a acquis l'habitude d'estimer une distance, sans commettre de trop grandes
erreurs, et de tirer sur une cible dont l'éloignement
doit être apprécié par lui, il sait se suffire à lui-
même lorsqu'il se trouve en face de l'ennemi; il
connaît la portée et la justesse de son arme, et est
moins entraîné à faire feu sur des troupes ou des
hommes isolés, placés hors de la portée de ses coups.
L'instruction de tir contribue ainsi à diminuer la consommation des munitions, à donner au soldat la mesure de la valeur de son arme, et à lui inspirer devant
l'ennemi le degré de confiance que l'on puise dans la
connaissance des armes dont on est appelé à se servir.

L'instruction du soldat ne serait pas complète s'il n'était exercé qu'à tirer isolément; l'exécution des feux de peloton et de deux rangs est le complément nécessaire à l'instruction du tireur.

Le soldat doit être accoutumé à la gêne qu'il éprouve dans le rang, aux mouvements de ses voisins, à la fumée qui couvre le front de la troupe, à l'exécution rapide des commandements de l'officier qui dirige les feux.

L'exécution des feux de peloton et de deux rangs sur des cibles indiquant les effets du tir, est une instruction nécessaire, surtout aux officiers qui apprennent dans ces exercices à diriger et à commander le feu, à estimer la valeur relative des différents feux d'infanterie, et à juger de l'importance d'un commandement fait à propos dans les feux d'ensemble.

Depuis son arrivée au corps jusqu'à son admission à la troisième partie de l'école du soldat, le jeune soldat apprend la nomenclature, le montage, le démontage et l'entretien des armes; les exercices de la première leçon du titre IV de la présente instruction commencent en même temps que ceux de la troisième partie de l'école du soldat et se continuent pendant ceux de l'école de peloton. Les deux instructions se mènent concurremment, de manière que le jeune soldat commence le tir à la cible en même temps qu'il passe à l'école de bataillon.

L'appréciation des distances marche simultanément avec le tir à la cible.

Le jeune soldat ne participe au tir de sa compagnie qu'après avoir exécuté le tir à la cible et les feux d'infanterie (2e, 3e et 4e leçon du titre IV) dans la classe dirigée par le capitaine instructeur.

TITRE II.
THÉORIE DU TIR.

PREMIÈRE LEÇON.
Principes généraux du tir.

Les principes généraux du tir se déduisent des positions relatives occupées par trois lignes, qui sont : la ligne de tir, la trajectoire et la ligne de mire. (Voir page 16, fig. 1.)

La ligne de tir est l'axe du canon, indéfiniment prolongé.

La trajectoire est la ligne courbe que décrit le centre de la balle, pendant son trajet dans l'air.

La ligne de mire est une ligne droite passant par le milieu du fond du cran de la hausse et par le sommet du guidon.

L'angle de tir est l'angle que la ligne de tir forme avec l'horizon, au moment du tir.

L'angle de mire est l'angle que la ligne de mire forme avec la ligne de tir.

On appel *plan de tir* le plan vertical qui contient la ligne de tir, au moment du tir.

La trajectoire est tout entière dans ce plan. Elle se confond d'abord avec la ligne de tir, et s'en [écarte ensuite de plus en plus, à mesure que la balle s'éloigne de la bouche du canon (1).

---

1. Cette définition de la trajectoire est simple et rend assez bien compte des règles de tir, mais elle n'est pas rigoureusement exacte; la trajectoire n'est pas tout entière dans le plan de tir. Les instructeurs de tir doivent expliquer les effets de la *dérivation* aux officiers et sous-officiers qui suivent leurs cours.

Pl. 1.

Fig. 1.

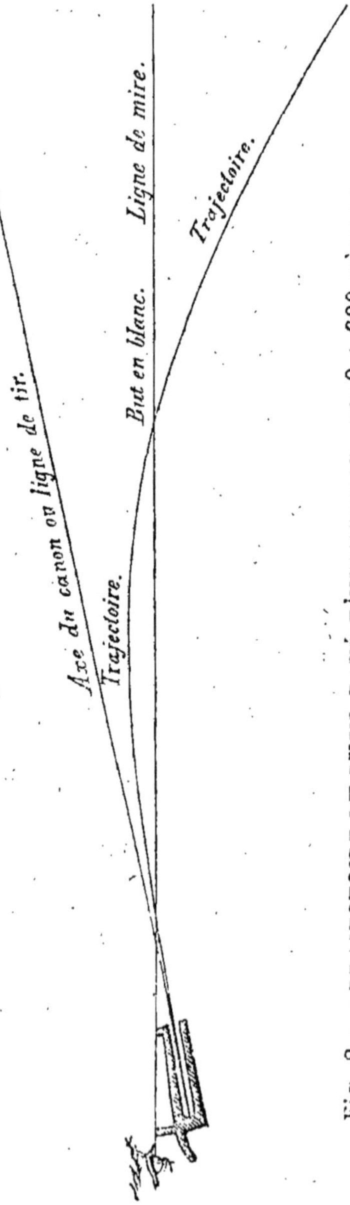

Fig. 2. — TRAJECTOIRE DU FUSIL RAYÉ D'INFANTERIE, DE 0 À 600 MÈTRES.

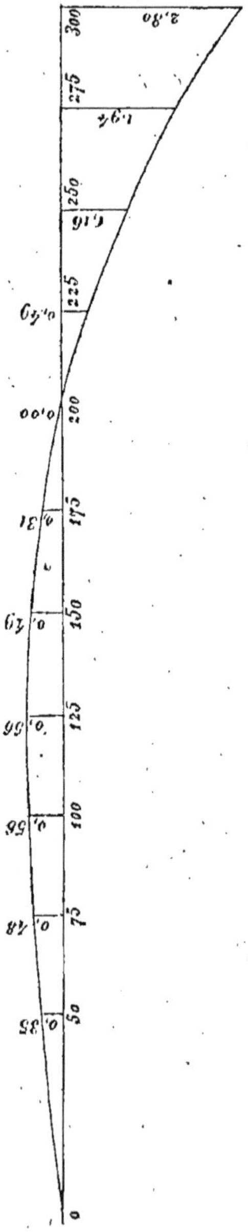

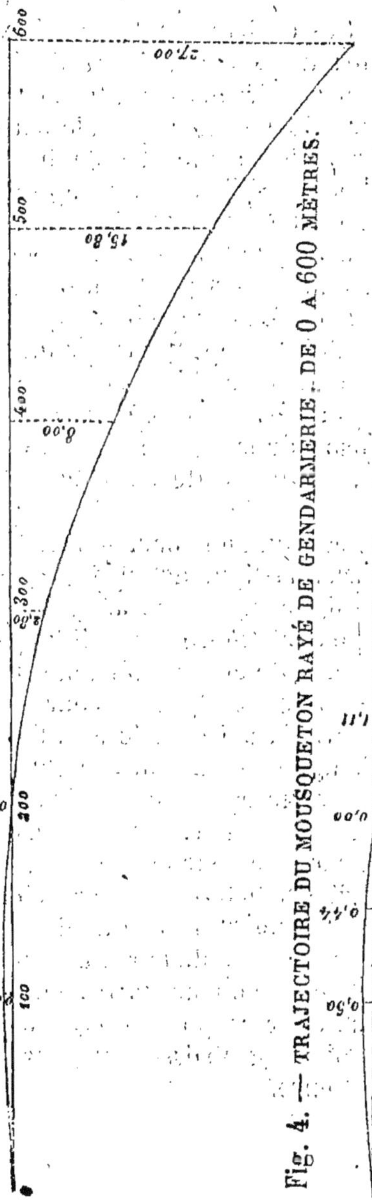

Fig. 3. — TRAJECTOIRE DU FUSIL RAYÉ D'INFANTERIE, DE 0 A 600 MÈTRES.

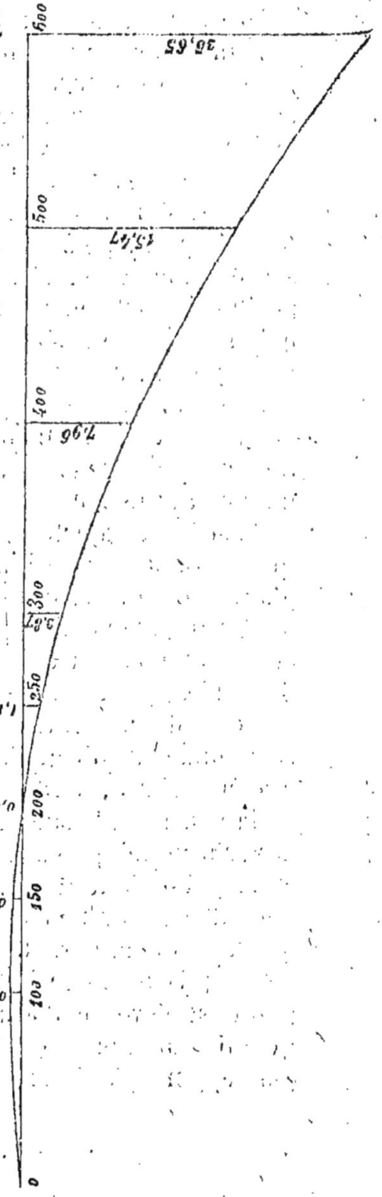

Fig. 4. — TRAJECTOIRE DU MOUSQUETON RAYÉ DE GENDARMERIE, DE 0 A 600 MÈTRES.

Lorsque la ligne de mire est horizontale et placée dans le plan du tir, l'angle de mire est égal à l'angle de tir.

La trajectoire et la ligne de mire peuvent être considérées comme liées invariablement entre elles, lorsque la dernière de ces lignes reste dans le plan de tir.

Dans ce cas, si on élève ou si l'on abaisse la ligne de mire, si on la dirige à droite ou à gauche, la trajectoire participe à ces divers mouvements, et conserve toujours en chacune de ses parties la même position, relativement à la ligne de mire; pourvu qu'on ne donne pas à celle-ci une trop grande inclinaison au-dessus ou au-dessous de l'horizon.

Dans la pratique, on n'a besoin que très-rarement de ces degrés d'inclinaison de la ligne de mire, qui ne permettent plus de regarder cette ligne comme unie à la trajectoire.

Puisque la trajectoire est contenue dans le plan de tir, si l'on a soin de placer la ligne de mire dans ce plan, et de diriger cette ligne sur la verticale passant par le point que l'on veut atteindre, la balle rencontre quelque part la verticale en question, si cette ligne n'est pas hors des limites de la portée. Pour que ce point de rencontre soit précisément le but, il ne reste plus qu'à diriger la ligne de mire, ou, ce qui est la même chose, le rayon visuel rasant le fond du cran de la hausse et le sommet du guidon, sur un point de la verticale tel que la trajectoire rencontre le but.

Le point dont il s'agit est déterminé, lorsqu'on connaît de combien la trajectoire s'élève au-dessus ou s'abaisse au-dessous de la ligne de mire, à la distance qui sépare le but de la bouche du canon. Ce point est élevé ou abaissé, par rapport au but, de la quantité dont la trajectoire est abaissée ou élevée par rapport à la ligne de mire.

Si, par exemple, on sait que la trajectoire, à une certaine distance, s'abaisse d'un mètre au-dessous de la ligne de mire, il faut, pour atteindre un point situé à cette distance, diriger la ligne de mire ou viser à un mètre au-dessus de ce point; car si on dirigeait la ligne de mire sur ce point même, la balle ou la trajectoire passerait à un mètre au-dessous; mais, si on élève la ligne de mire et si on la dirige à un mètre au-dessus du but, la trajectoire suit le mouvement de la ligne de mire, conserve, par rapport à celle-ci, sa première position et passe par conséquent à un mètre au-dessous du point visé, c'est-à-dire par le point qu'il faut atteindre.

Le tir d'une arme peut donc être réglé à l'aide de la ligne de mire, quand on connaît la position des différents points de la trajectoire, relativement à cette ligne droite, et qu'on a soin de placer les deux points qui déterminent la ligne de mire dans le plan de tir.

Si l'on examine la trajectoire et la ligne de mire dans la position qu'elles occupent généralement, l'une par rapport à l'autre (page 16, fig. 1), on reconnaît que la ligne de mire coupe la trajectoire en deux points : le premier très-rapproché de la bouche du canon, le second plus éloigné.

Le second point d'intersection de la trajectoire et de la ligne de mire se nomme *but en blanc*.

La distance mesurée sur la ligne de mire, de la bouche du canon au but en blanc, se nomme *portée de but en blanc*.

Il faut remarquer qu'au delà du but en blanc, la trajectoire s'abaisse au-dessous de la ligne de mire, et de plus en plus, à mesure que la balle s'éloigne du canon;

Qu'en deçà du but en blanc (entre les deux points

d'intersection de la ligne de mire et de la trajectoire),
la balle s'élève au-dessus de la ligne de mire de
quantités différentes, suivant la position que l'on
considère ;

Que les élévations de la balle sont très-petites dans
le voisinage des points d'intersection, et plus grandes
vers le milieu de la ligne droite qui réunit ces deux
points ;

Que, depuis la bouche du canon jusqu'à la première intersection, le centre de la balle se trouve
au-dessous de la ligne de mire d'une quantité différente, suivant le point où l'on considère le centre
de la balle, que ces quantités sont toutes très-petites,
et que, en cette partie de son trajet, la balle peut
être regardée comme placée sur la ligne de mire.

Puisqu'à une distance égale à la portée de but en
blanc, la trajectoire rencontre la ligne de mire, pour
atteindre un point situé à cette distance, il suffit de
diriger la ligne de mire sur ce point.

Puisque au delà du but en blanc, la trajectoire s'a-
baisse au-dessous de la ligne de mire, il faut, pour
atteindre un point situé à une distance plus grande
que la portée de but en blanc, diriger la ligne de
mire au-dessus de ce point ; car, si on la dirigeait
sur ce point, la trajectoire passerait au-dessous. Pour
déterminer l'élévation du point que l'on doit viser,
afin de toucher le but, il suffit de connaître l'abaissement de la trajectoire au-dessous de la ligne de mire,
à la distance où se trouve placé le point que l'on
veut atteindre. Cet abaissement est égal à l'élévation
du point que l'on doit viser au-dessus du but. C'est ce
que l'on voit clairement lorsqu'on se souvient que la
trajectoire est liée à la ligne de mire.

On voit de même que, pour atteindre un but, situé

entre les deux intersections de la ligne de mire et de la trajectoire, il faut viser, au-dessous de ce but, un point verticalement éloigné du premier, d'une longueur égale à celle qui sépare la trajectoire de la la ligne de mire, à la distance où se trouve placé le point que l'on veut atteindre.

On reconnaît que, pour toucher un point distant de la bouche du canon de la même quantité que la première intersection de la ligne de mire et de la trajectoire, il faut diriger la ligne de mire sur ce point, ou, ce qui est la même chose, viser ce point.

Enfin, si le point qu'il s'agit d'atteindre est plus rapproché de la bouche du canon que la première intersection, il faut, pour toucher ce point avec le centre de la balle, viser au-dessus de lui; mais, dans ce cas, le but et le point qu'il faut viser se confondent presque l'un avec l'autre, et sont, au plus, distants de la moitié environ du diamètre extérieur du canon à la bouche. On ne peut se préoccuper d'un cas pareil dans la pratique.

Telles sont les règles générales de tir, que l'on résume de la manière suivante :

Lorsque le but est situé à l'un des deux points d'intersection de la trajectoire et de la ligne de mire, viser le but;

Lorsque le but est situé entre les deux points d'intersection, viser au-dessous du but;

Lorsque le but est situé au delà du but en blanc, viser au-dessus du but, et d'autant plus au-dessus qu'il en est plus éloigné;

Lorsque le but est situé entre la bouche du canon et le premier point d'intersection, viser au-dessus du but.

DEUXIÈME LEÇON.

Règles de tir.

Lorsqu'on tire sur un objet d'une certaine étendue, on doit diriger la ligne de mire de manière à amener la trajectoire sur le centre ou le milieu de cet objet; car, si on l'amenait vers une des extrémités, on aurait plus de chances de le manquer, par suite d'une déviation de la balle, d'une erreur ou d'une maladresse dans le tir.

Ainsi, le milieu du corps est le but que l'on doit tâcher d'atteindre dans le tir de guerre.

Les règles générales de tir, résumées à la fin de la leçon précédente, ne sont applicables pratiquement qu'autant que le point à viser, pour atteindre le but, est pris sur le corps d'un homme.

La hausse fixe, placée sur la queue de culasse du fusil rayé d'infanterie, donne à l'arme un but en blanc de 200 mètres, et permet de viser constamment la ceinture jusqu'à 225 mètres environ, et à toute distance plus petite, sans que la trajectoire cesse de rencontrer le corps de l'homme. On doit donc recommander aux soldats, dans les exercices de tir, de viser la ceinture toutes les fois que le but se trouve depuis 200 jusqu'à 225 mètres environ, ou à une distance plus petite. Quand il a à tirer au delà de 225 mètres, on lui enseigne que, pour atteindre le but, il faut viser plus haut que le but, et d'autant plus haut que le but est plus éloigné.

A partir de la distance de 400 mètres, on se sert du pouce comme hausse.

Les règles suivantes indiquent les positions qu'il

faut donner au pouce, pour que le but en blanc de l'arme corresponde successivement aux diverses distances de tir.

Règles de tir du fusil rayé d'infanterie.

Aucune de ces règles de tir n'est absolue ; elles ont été arrêtées en prenant la moyenne des résultats obtenus lors de la détermination de la balle d'infanterie, modèle 1857.

Le calibre de l'arme, l'état de la poudre, la plus ou moins bonne fabrication de la cartouche, la température, la direction du vent, la position du tireur, etc., peuvent faire que, en appliquant ces règles de tir, le soldat touche trop haut ou trop bas ; dans ce cas, l'instructeur lui indique qu'il doit tirer plus bas où plus haut pour rectifier son tir.

1° A 200 mètres et à toute distance plus petite, viser à hauteur de ceinture, par le cran de mire de la hausse.

Pour toutes les distances où l'on emploie le pouce comme hausse, la main gauche est placée à la capucine.

2° A 400 mètres, le pouce ployé sur la capucine, viser à hauteur de ceinture, par l'articulation.

Le pouce sur la capucine.

à 400 mètres.

3º A 600 mètres, le pouce ouvert, l'articulation un peu plus haut (5 millimètres environ) que le dessus de la capucine, viser à hauteur de ceinture, par le sommet de l'ongle.

L'élévation du sommet de l'ongle au-dessus de la capucine doit être à peu près égale à la hauteur de l'étui à poudre de la cartouche.

à 600 mètres.

Le pointage au moyen du pouce exigeant une grande habitude, les exercices préparatoires doivent être suffisamment multipliés. Les instructeurs expliquent aux hommes qu'il est de toute nécessité d'amener dans le plan de tir le point du pouce choisi comme cran de mire.

La vérification de la ligne de mire doit se faire avant de viser. Le tireur mène, à l'œil, un plan vertical passant par le sommet du guidon et la *génératrice* supérieure du canon; le cran de mire doit être dans ce plan.

Quand la position du pouce est bien assurée, le pointage n'offre plus aucune difficulté.

Les instructeurs ne doivent pas perdre de vue que les règles précédentes ont été déterminées pour un pouce de grandeur moyenne, et qu'il faut les modifier pour les tireurs dont les doigts diffèrent sensiblement des dimensions ordinaires.

Tous les hommes doivent connaître les règles de tir du fusil rayé d'infanterie.

Les officiers et les sous-officiers doivent les savoir imperturbablement, pour être à même de les rappeler au besoin aux hommes sous leurs ordres.

Des théories fréquentes sont faites à ce sujet, et le lieutenant-colonel surveille spécialement cette partie de l'instruction.

Règles de tir du mousqueton rayé
de gendarmerie.

1° A 200 mètres et à toute distance plus petite, viser à hauteur de ceinture, par le cran de mire de la hausse.

Pour toutes les distances où l'on emploie le pouce comme hausse, la main gauche est placée à égale distance de la cheminée et de la grenadière.

2° A 400 mètres, le pouce allongé en travers sur le canon, viser à hauteur de ceinture, par l'articulation.

**Le pouce à égale distance de la cheminée
et de la grenadière.**

à 400 mètres.

1.

3° A 600 mètres, le pouce ouvert, l'articulation un peu plus bas (3 millimètres) que le dessus du canon, viser à hauteur de ceinture, par le sommet de l'ongle.

à 600 mètres.

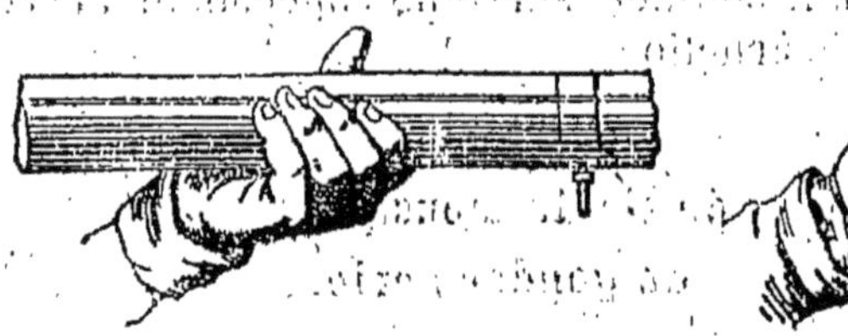

Règles du tir à la cible.

Les règles du tir à la cible sont les mêmes que celles du tir de guerre.

Le but à atteindre se compose, suivant les distances, d'une cible simple, d'une cible double, ou de plusieurs cibles contiguës. Toutes les cibles ont une hauteur de 2 mètres.

La largeur de la cible simple est de 50 cent.; celle de la cible double est de 1 mètre.

On place au centre du but un cercle noir dont le rayon est de 10 cent., à 100 et 200 mètres; de 15 cent., à 400 mètres; de 25 cent., à 600 mètres.

TITRE III.

THÉORIE ET PRATIQUE DE L'APPRÉCIATION DES DISTANCES.

Pour appliquer les règles de tir du fusil rayé, le tireur doit connaître la distance qui le sépare du but.

Dans les tirs d'instruction, la cible est généralement placée à des distances mesurées et bien connues. La règle à suivre pour diriger l'arme est alors déterminée avec précision ; mais lorsqu'on se trouve devant l'ennemi, la distance est inconnue, et il importe de l'apprécier le plus promptement et le plu exactement possible, afin de régler le tir en conséquence.

L'appréciation des distances se fait à la vue simple, ou à l'aide d'instruments.

Pour apprendre aux soldats à apprécier les distances à la vue, on commence par leur enseigner les moyens de vérifier l'estimation d'une distance.

Cette vérification se fait en mesurant la distance à l'aide d'un cordeau, ou, plus simplement, en comptant le nombre de pas nécessaires pour parcourir la distance.

Un détachement de douze hommes, dirigé par un sous-officier ou un caporal instructeur muni d'un cordeau de 25 mètres de longueur, est conduit sur le terrain. Les hommes doivent avoir l'armement et l'équipement complets, à l'exception du sac.

L'instructeur fait mesurer en ligne droite, sur le terrain, à l'aide du cordeau et de soldats employés comme jalonneurs, une distance de 200 mètres, et marque par un petit piquet, par une pierre ou par une raie faite sur le sol, chacune des distances de 50, 100, 150 et 200 mètres.

- Il ordonne aux hommes de parcourir la distance de 100 mètres, au pas ordinaire, en leur recommandant de prendre leur allure naturelle, sans chercher à augmenter ou à diminuer la longueur de leur pas.

Il leur prescrit de compter le nombre de pas qu'ils doivent faire pour parcourir la distance de 100 mètres.

Cette opération, répétée au moins trois fois par chaque soldat, fait connaître le rapport du mètre au pas de chacun des hommes du détachement.

L'instructeur, après avoir interrogé chaque soldat sur le nombre de pas comptés en parcourant la distance de 100 mètres, lui fait connaître combien il doit faire de pas pour parcourir 10 mètres.

Lorsque le soldat sait combien il doit faire de pas pour 10 et 100 mètres, il lui est facile d'évaluer une distance au pas, assez exactement pour le but que l'on se propose dans l'instruction du tir.

Pour estimer une distance au pas, le soldat, à partir du point de départ, compte ses pas, et dit : 100 mètres, en étendant le pouce de la main droite, les autres doigts fermés, lorsqu'il a compté le nombre de pas qu'il doit faire pour parcourir 100 mètres. Il recommence alors à compter ses pas depuis 1 jusqu'au nombre qui correspond à 100 mètres. Il dit alors : 200 mètres, en étendant le premier doigt de la main droite, et ainsi de suite jusqu'à ce qu'il se trouve à moins de 100 mètres du point vers lequel il se dirige, et qui limite la distance. En se servant de la main gauche, après avoir levé les cinq doigts de la main droite, il peut, sans risquer de se tromper, compter 1000 mètres.

Lorsque le soldat, après avoir compté par centaines, croit se trouver à moins de 100 mètres du
but, il regarde combien il a levé de doigts, et retient
avec soin ce nombre qui exprime des centaines de
mètres. Il commence alors à compter par dizaines, et
dit : 10 mètres, en étendant le pouce de la main
droite, lorsqu'il a compté le nombre de pas qu'il doit
faire pour parcourir 10 mètres. Il recommence alors
à compter ses pas, depuis 1 jusqu'au nombre qui
correspond à 10 mètres, et dit : 20 mètres, en étendant le premier doigt de la main droite ; et ainsi de
suite, jusqu'à ce qu'il arrive assez près du but pour
pouvoir, en faisant le pas plus grand, compter par
mètres qu'il ajoute immédiatement, mètre par mètre,
aux dizaines dont il vient de compter le nombre. Il
n'a plus alors qu'à ajouter le nombre ainsi obtenu à
celui des centaines qu'il a dû retenir, pour connaître
la distance exprimée en mètres.

Si le soldat se trompe, lorsque, croyant être à
moins de 100 mètres du but, il commence à compter par dizaines, cela n'a pas d'inconvénients ; il
ajoute une centaine au nombre des centaines qu'il
a dû retenir, et recommence à compter par dizaines,
puis par mètres, quand il arrive très-près du but.

L'instructeur forme ensuite son détachement sur
un rang, à l'une des extrémités de la distance de 200
mètres, du côté où l'on a commencé le métrage, de
telle sorte que la ligne droite mesurée soit perpendiculaire au front de la troupe, et passe par le milieu
de ce front.

Il ordonne à quatre hommes du détachement de se
porter : le premier, à 50 mètres ; le second, à 100
mètres ; le troisième, à 150 mètres, le quatrième, à
200 mètres, et de faire face à la troupe, en se repor-

sant sur leurs armes. Il choisit, autant que possible, des hommes de taille moyenne.

L'instructeur fait détailler aux hommes placés dans le rang les diverses parties de l'habillement, de l'équipement et de l'armement qu'ils aperçoivent encore sur le soldat placé à 50 mètres. Il les interroge, l'un après l'autre, sans exiger que les détails soient les mêmes pour tous, puisque la portée de la vue diffère généralement d'un homme à l'autre.

L'instructeur porte ensuite l'attention des hommes placés dans le rang sur le soldat situé à 100 mètres, et leur prescrit de faire sur ce soldat des observations du genre de celles dont ils viennent de rendre compte, pour la distance de 50 mètres. En interrogeant les hommes cette seconde fois, il a soin de leur signaler les différences qui existent entre les deux distances, quant à la netteté de la vision de certains objets.

L'instructeur prescrit ensuite de faire successivement sur les deux soldats situés, l'un à 150 mètres, l'autre à 200 mètres du front de la troupe, des observations analogues à celles dont il vient d'être question pour les distances de 50 à 100 mètres. Il s'attache surtout à signaler à chaque soldat, et suivant les observations de chacun d'eux, les différences qui existent entre les quatre distances, quant à la vision nette, confuse ou impossible de certains objets.

L'instructeur a soin de faire remarquer aux hommes, que le même soldat paraît d'autant plus petit qu'il est plus éloigné, bien que sa taille ne change pas en réalité.

Il fait remplacer fréquemment les soldats placés aux distances d'observation, afin que l'instruction puisse être donnée également à tous les hommes du détachement.

Lorsque les hommes du détachement ont fait des observations assez nombreuses, aux quatre distances désignées, et quand ces observations sont bien gravées dans leur mémoire, l'instructeur procède à l'estimation des distances comprises dans les limites de 50 à 200 mètres.

Pour cela, après avoir formé le détachément sur un rang, et sur une partie du terrain dont il n'a point encore fait mesurer la distance, l'instructeur envoie un soldat en avant du front de la troupe, en lui prescrivant de s'arrêter, de faire face et de se reposer sur les armes, au commandement de *halte*. Quand ce soldat est parvenu à une distance jugée convenable, et comprise entre 50 et 200 mètres, l'instructeur commande *halte*.

Il prescrit alors aux hommes placés dans le rang, d'observer le soldat qui leur fait face et d'estimer la distance, en se rappelant les observations faites par eux sur des hommes placés aux distances précédemment mesurées.

L'instructeur interroge chaque homme séparément, en le faisant sortir du rang, et en lui recommandant de répondre à voix basse, afin que l'opinion des derniers hommes interrogés ne soit pas influencée par celle des premiers; il note sur un calepin la distance indiquée par chaque soldat.

L'instructeur fait ensuite vérifier la distance : au cordeau, par deux soldats; au pas, par tous les autres.

Il prescrit à chacun des hommes ayant mesuré la distance au pas, de lui en donner la mesure, en s'exprimant à voix basse, et il inscrit sur le calepin, d'une part, la distance réelle; de l'autre, les distances mesurées au pas, à côté des distances estimées à la vue par chaque soldat.

L'inscription de ces différents résultats étant faite sur le calepin, l'instructeur en donne lecture au détachement. Il rectifie les erreurs que chacun des hommes a pu commettre dans l'estimation de la distance à vue, ou dans la mesure de cette distance au pas.

L'instructeur fait répéter les mêmes exercices autant de fois qu'il le juge nécessaire, en ayant soin de choisir chaque fois une distance différente, mais toujours comprise dans les limites ci-dessus indiquées.

Les séances d'appréciation des distances doivent avoir lieu dans des circonstances atmosphériques diverses, et, si la localité le permet, les détachements doivent être conduits sur des terrains de configuration différente.

Lorsque l'instructeur juge que les hommes de son détachement, qui doivent, autant que possible, être les mêmes pendant toute la durée des exercices, savent apprécier, avec une exactitude suffisante, les distances comprises entre 50 et 200 mètres, il procède à l'estimation des distances comprises entre 200 et 400 mètres.

Dans ce but, il fait mesurer au cordeau une distance de 400 mètres et marque, sur la ligne droite mesurée, les distances de 200, 250, 300, 350 et 400 mètres.

Le détachement étant formé comme il a été expliqué, l'instructeur ordonne à cinq soldats de se porter: le premier, à 200 mètres; le deuxième, à 250; le troisième, à 300; le quatrième, à 350; le cinquième, à 400 mètres du front de la troupe, de faire face, et de se reposer sur leurs armes. Il fait commencer alors, pour ces distances, des observations analogues à celles qu'on a faites pour les distances plus petites et pour celle de 200 mètres. Cette dernière distance doit être l'objet d'une étude particulière, et sert de terme de comparaison pour toutes les remarques recueillies aux autres distances.

L'instructeur fait estimer les distances comprises entre 200 et 400 mètres, comme on l'a expliqué pour les distances plus petites.

Lorsque les hommes du détachement savent apprécier, à un degré d'approximation suffisant, les distances comprises entre 200 et 400 mètres, l'instructeur fait estimer une distance quelconque, entre les limites de 50 et 400 mètres.

Les exercices de l'appréciation des distances sont bornés, pour les jeunes soldats, à ceux qui sont expliqués ci-dessus.

Après avoir répété, chaque année, ces mêmes exercices, les anciens soldats, dirigés par les commandants de compagnies, sont exercés à évaluer les distances, comprises entre 200 et 600 mètres.

L'appréciation de ces distances n'est plus faite, comme précédemment, sur des hommes isolés, mais sur des groupes. Les distances sont évaluées de prime abord, sans que l'on s'astreigne à faire préalablement des observations dans les limites de ces distances. Chaque compagnie, dirigée par le capitaine, est partagée en deux sections, commandées par le lieutenant et le sous-lieutenant.

Le capitaine passe d'une section à l'autre, pour diriger et surveiller les exercices.

Le chef de chaque section, après avoir arrêté sa troupe dans une position favorable, indiquée par le capitaine, fait reposer sur les armes et commande : *en place repos.*

Un groupe armé, composé d'un caporal, d'un clairon ou d'un tambour et de deux soldats, se porte immédiatement en avant de la section, en suivant une ligne que le chef de section a déterminée par deux points de repère, reconnus dans la campagne.

Le caporal, après avoir parcouru une distance dépassant 200 mètres, et qu'il est libre, du reste, de fixer à son gré, pourvu qu'elle soit plus petite que 600 mètres, place les trois hommes sur un rang, à un pas d'intervalle, faisant face à la section, et reposés sur les armes; il se tient lui-même à la droite du rang.

Le chef de section évalue la distance du groupe pour son propre compte, et, lorsqu'il juge que les sous-officiers et caporaux sous ses ordres ont eu le temps de l'apprécier de leur côté, il les interroge à voix basse, en les faisant sortir des rangs. Il tient note de l'évaluation faite par chacun d'eux. Ceux-ci interrogent à leur tour les soldats, et prennent, chacun pour un certain nombre d'hommes, la note des évaluations.

Dès que la distance est appréciée, et que le chef de section commence à interroger les sous-officiers, un sergent, aidé de deux soldats porteurs d'un cordeau de 25 mètres et d'un double mètre, mesure la distance qui sépare la section du groupe. Il tient note exacte de cette distance, et l'indique au clairon ou au tambour du groupe, en ne tenant compte que des centaines et des dizaines de mètres. Quand le chiffre des unités est plus petit que 5 ou égal à 5, il le néglige; quand ce chiffre est plus grand que 5, il indique au clairon ou au tambour une dizaine de plus; mais, dans tous les cas, il doit inscrire en chiffres, sur son calepin, la distance exacte à un mètre près.

Quand toutes les notes des évaluations ont été prises, et que la distance a été mesurée, le chef de section fait rentrer les sous-officiers et les caporaux à leurs postes. Il ordonne à un caporal, muni d'un fanion engagé dans le canon de son fusil, de se porter à dix pas de la droite de la section, et d'élever le fanion en l'air. A ce signal, le sous-officier chargé de mesurer la distance prescrit au clairon ou au tambour de l'indiquer par une sonnerie ou par une batterie.

Le clairon indique la distance par autant de coups de langue traînants qu'elle contient de centaines de mètres, et par autant de coups de langue brefs qu'elle contient de dizaines de mètres en sus des centaines ; il laisse un intervalle suffisant entre les deux espèces de coups de langue. Le tambour indique la distance par autant de roulements qu'elle contient de centaines de mètres, et par autant de coups de baguette qu'elle contient de dizaines de mètres en sus des centaines. Après la sonnerie ou la batterie, le caporal muni du fanion rentre dans le rang ; le groupe fait demi-tour, se porte en avant sur la ligne et parcourt une distance que le caporal est libre de fixer, pourvu qu'il ne sorte pas des limites prescrites. Le caporal établit le groupe sur la ligne comme il a été dit.

Quand le groupe est placé face à la section, le sergent chargé de mesurer la distance démasque la ligne ; après avoir marqué l'extrémité de la distance mesurée. Il observe la section, et dès qu'il s'aperçoit que le chef de section commence à interroger, il mesure la distance qui sépare le groupe de sa première station. Il tient note exacte de cette distance et l'ajoute à la première ; il agit ensuite comme il a été dit ci-dessus. La section fait pour la nouvelle distance ce qui a été indiqué pour la première, et les exercices continuent de la même manière, pendant la première reprise de chaque séance.

Lorsque le caporal du groupe a pris position très-près de l'extrémité de la distance de 600 mètres, il doit rétrograder, et le sergent, chargé de mesurer les distances, a soin de retrancher, dans ce cas, la nouvelle distance mesurée, de celle à laquelle il se trouvait de la section avant de revenir sur ses pas.

Avant le repos, le chef de section se porte sur une autre partie du terrain; il est rallié par le sergent chargé de mesurer les distances, et par le groupe. Les exercices de la deuxième reprise se font comme ceux de la première.

Les leçons sur l'appréciation des distances sont données, chaque année, aux anciens soldats comme aux hommes de recrue.

Les exercices de l'appréciation des distances sont dirigés par les capitaines de compagnies, pour les anciens soldats, et par le capitaine instructeur, secondé par les lieutenants instructeurs de tir, pour les jeunes soldats.

Dans les différents exercices de l'appréciation des distances, à la vue, on a pu remarquer qué les soldats de taille moyenne, placés aux diverses distances d'observation, paraissent d'autant plus petits qu'ils sont plus éloignés.

Il résulte de cette observation que, si l'on avait le moyen de mesurer la hauteur apparente d'un fantassin équipé et de taille moyenne, on pourrait, par cette mesure, déterminer la distance de ce fantassin au point que l'on occupe, si l'on savait d'avance que telle hauteur apparente du soldat équipé correspond à telle distance.

Or, il est facile de mesurer approximativement la

hauteur apparente d'un objet quelconque, entièrement à découvert, et situé à une distance comprise dans les limites de la vue. Pour prendre cette mesure, il suffit de tenir verticalement, de la main droite, une petite règle graduée sur les bords en millimètres; de diriger un rayon visuel par la partie supérieure de la règle et par le point le plus élevé de l'objet; de faire passer ensuite, sans remuer la règle et sans déranger la tête, un autre rayon visuel par le point le plus bas de l'objet, en se servant du pouce pour marquer l'endroit où ce rayon rencontre le bord gradué de la règle. On s'assure que la portion de la règle interceptée par les deux rayons visuels, couvre bien exactement la hauteur entière de l'objet, et la mesure de la hauteur apparente est donnée par le nombre de millimètres compris, sur le bord de la règle, entre les deux rayons visuels.

La hauteur apparente, ainsi mesurée, est différente pour le même objet, à la même distance, si l'on fait varier la position de la règle par rapport à l'œil; mais si l'on tient la règle verticalement et toujours également éloignée de l'œil, on retrouve toujours la même hauteur apparente, quand l'objet ne change pas de distance ni de dimensions.

Si donc on marque sur les faces ou sur les bords d'une petite règle, les différentes hauteurs apparentes du fantassin, mesurées comme il vient d'être expliqué, aux diverses distances de 100, 125, 150 mètres, etc., on peut, au moyen de cette règle ainsi graduée, juger de la hauteur d'un fantassin équipé et de taille moyenne, si l'on tient, comme il a été dit, la règle à la distance de l'œil pour laquelle les hauteurs apparentes ont été mesurées.

On parviendrait, par expérience et en opérant

comme il vient d'être expliqué, à marquer sur une petite règle les hauteurs apparentes du fantassin placé à diverses distances ; mais il est beaucoup plus simple de déterminer les divisions de la règle par le calcul, en prenant pour hauteur moyenne du fantassin 1m,80, y compris la coiffure.

Comme, à la guerre, on n'a pas besoin seulement d'estimer la distance d'un fantassin ou d'une troupe d'infanterie, mais encore celle d'un cavalier ou d'une troupe de cavalerie, il est nécessaire de calculer les hauteurs apparentes du cavalier, que l'on suppose d'une hauteur réelle de 2m,50. Sur un des côtés de la règle, on marque les hauteurs apparentes du fantassin ; sur l'autre côté, celles du cavalier.

Les instruments très-simples construits de cette manière, et auxquels on donne le nom de *stadia*, laissent une grande incertitude dans la détermination des distances, dès qu'elles dépassent 200 mètres.

On obtient de meilleurs résultats et une appréciation plus prompte et plus facile, en se servant d'une stadia construite d'après les mêmes principes, mais sur laquelle les hauteurs apparentes sont marquées plus distinctement, et sont mesurées pour une distance exprimée par un nombre quelconque de mètres, dans les limites où l'appréciation est utile ou possible.

Cette stadia consiste en un triangle isocèle, découpé dans une plaque métallique ou dans une feuille de carton (Voir Planche II, fig. 2).

L'intervalle des deux grands côtés du triangle, mesuré parallèlement à la petite base, diminue par degrés insensibles, de la base au sommet. En prenant cette base égale à la hauteur apparente du fantassin placé à 125 mètres, par exemple, les différents intervalles des grands côtés représentent la série continue et décroissante des hauteurs apparentes, depuis 125 mètres jusqu'aux plus grandes distances.

On peut donc trouver, d'un côté à l'autre du triangle, un intervalle égal à la hauteur apparente du fantassin situé à une distance déterminée, plus grande que 225 mètres, quelle que soit d'ailleurs cette distance.

La base et la hauteur du triangle étant choisies de manière à ne point rendre les divisions confuses, et à ne pas augmenter outre mesure les dimensions de l'instrument, il est très-facile de déterminer, sur les grands côtés du triangle, les intervalles égaux aux diverses hauteurs apparentes du fantassin équipé, placé aux distances de 150, 175, 200, 225 mètres, etc.

La position de ces intervalles est marquée par de grands traits, lorsqu'ils correspondent à des distances exprimées en nombres ronds, tels que 200, 300, 400 mètres, etc., par de petits traits, lorsqu'ils correspondent aux distances de 225, 325, 425 mètres; et par des traits moyens, pour les distances de 150, 250, 350 mètres, etc. Au-dessus des grands traits sont inscrits des chiffres indiquant les distances.

Lorsqu'on veut se servir de cette stadia, pour mesurer la distance d'un fantassin équipé, on tient la feuille de carton, ou la plaque métallique, entre le pouce et les deux premiers doigts de la main droite, la petite base du triangle placée verticalement, le bras tendu de toute sa longueur, la tête droite et immobile; on regarde, en fermant l'œil gauche, le fantassin à travers le triangle découpé, et l'on fait mouvoir l'instrument jusqu'à ce que les deux rayons visuels, dirigés, l'un à la partie supérieure de la coiffure, l'autre aux pieds du soldat, rasent les deux grands côtés du triangle, de telle sorte que le fantassin soit intercalé dans les deux côtés. On regarde alors le trait marqué au point où l'intercalation a lieu, et ce trait indique la distance. Si aucun trait n'est marqué en ce point, on regarde les deux traits les plus proches, et, avec un peu d'habitude, on lit facilement la distance.

En faisant mouvoir la stadia, on doit avoir soin de la laisser toujours à la même distance de l'œil, et de tenir la petite base verticale.

Il est bien entendu que cette stadia, comme les précédentes, doit être placée à la distance de l'œil pour laquelle les hauteurs apparentes ont été calculées, ou du moins à une distance très-peu différente

La stadia doit être graduée, d'un côté pour l'estimation des distances du fantassin, et de l'autre pour celle des distances du cavalier.

Dans les divers exercices de l'appréciation des distances, les officiers, les sous-officiers et les caporaux peuvent se servir de la stadia, ou de tout autre instrument du même genre admis par le chef de corps.

OBSERVATIONS GÉNÉRALES

Sur les exercices de l'appréciation des distances.

On ne peut rien prescrire quant à la durée de l'instruction pratique de l'apréciation des distances, et à la répartition de toutes les parties de cette instruction en plusieurs séances. Il faut seulement avoir soin de suivre, dans les exercices, la marche indiquée dans cette leçon, et de reprendre, à chaque séance, la série de ces exercices au point où on l'a laissée dans la séance précédente.

L'instruction de l'appréciation des distances marche simultanément avec le tir à la cible.

Si la compagnie est assez nombreuse pour pouvoir être scindée en deux sections, le capitaine qui la commande fait mettre les armes en faisceaux à la deuxième section en arrivant sur le champ de tir, et cette section étudie l'appréciation des distances, pendant que la première section exécute son tir.

Quand le tir de la première section est terminé, la deuxième section reprend ses armes et tire, pendant que la première fait l'appréciation des distances.

Si la compagnie ne se compose que d'un petit nombre d'hommes, on doit commencer par faire exécuter le tir à toute la compagnie, et on termine par une séance d'appréciation des distances.

L'appréciation exacte des distances est de la plus grande importance pour les tireurs, et l'on ne saurait trop y exercer les hommes. Si donc on peut trouver le temps nécessaire pour des séances spécialement consacrées à cette instruction, le colonel doit donner des ordres pour que ces séances aient lieu.

Les officiers doivent particulièrement s'exercer à l'appréciation des distances, qui n'est pas moins utile à un manœuvrier qu'à un tireur. Comme ils sont appelés à commander le feu et à régler le tir devant l'ennemi, ils doivent acquérir l'habitude d'estimer rapidement une distance.

TABLEAU GÉNÉRAL.

Indiquant l'ordre dans lequel disparaissent successivement, suivant la distance et pour de bonnes vues,
les différentes parties du corps du soldat, de ses
effets d'habillement, d'équipement et d'armement,
et ses divers mouvements dans la marche (1).

CAVALERIE.

De 175 à 200 m. La figure de l'homme.

A 250 m. . . . La cuirasse, sur le cavalier vu de flanc.

A 300 m. . .
- Les rênes de bride, sur les chevaux noirs et bais vus de flanc.
- La lame de sabre hors du fourreau, pour les cavaliers vus de face ou par derrière.
- Le fusil de dragon, porté en bandoulière.

A 400 m. . .
- Les rênes de bride, sur les chevaux gris vus de flanc.
- La lame de sabre hors du fourreau, pour les cavaliers vus de flanc.
- Le fourreau de sabre, pour le cavalier présentant le côté gauche.
- La forme du shako.
- Les épaulettes de couleur rouge.
- Les hampes de lance.

A 500 m. . . . . Le baudrier, sur le cavalier vu de face.

----

1. Les indications contenues dans ce tableau ne doivent pas être
considérées comme étant d'une exactitude absolue ; on doit les prendre
comme des moyennes générales, susceptibles de varier, en raison de
la netteté de la vue de chacun, des circonstances atmosphériques, et
de la configuration du terrain d'exercice.

A 600 m. . . . { Le casque de dragon, pour le cavalier vu de face.
Les plastrons de couleur jaune.

A cette distance, les robes baies et noires cessent de se distinguer entre elles.

A 700 m. . . . { Le baudrier, sur le cavalier vu par derrière.
La cuirasse vue de face.
Les panaches et les plastrons de couleur rouge.
L'allure du pas.

A cette distance, on cesse de reconnaître si le cheval se présente de face ou par derrière.

Les robes alezanes se confondent avec les robes baies et noires.

Les chevaux sellés, vus de face et par derrière, ne se distinguent plus des chevaux nus.

A 800 m. . . . { Les cuirasses, vues par derrière.
Les plastrons de couleur blanche.
L'allure du trot et le mouvement du cheval au pas

De 900 à 1000 m. Le mouvement du cheval au trot et l'allure du galop.

De 1100 à 1200 m. Le mouvement du cheval au galop.

A 1200 m. . . . . Les casques de dragon, vus de côté.

A 1560 m. . . . . Les flammes de lance.

OBSERVATION. L'indication des distances auxquelles cessent de se distinguer les allures et le mouvement du cheval à ces diverses allures, ne s'applique qu'au cas où les cavaliers s'éloignent ou se rapprochent des observateurs. Lorsque les cavaliers sont observés de flanc, le mouvement et les allures se reconnaissent jusqu'aux distances les plus éloignées.

INFANTERIE.

A 150 m. . . . Les épaulettes de couleur verte.
De 175 à 200 m. La figure du soldat et les épaulettes de couleur blanche.
A 250 m. . . . La giberne.
A 300 m. . . . Les mains, les lignes de boutons de la capote et de la tunique, les plaques de ceinturon et de shako, les sacs de couleur foncée, les poignées de sabre.
De 350 à 400 m. Les épaulettes de couleur rouge.
A 450 m. . . . Les canons de fusil ou de carabine, l'arme portée sur l'épaule et tous les détails de l'habillement, à l'exception de la couleur rouge du pantalon.
A 500 m. . . . Le sens de la marche des pelotons se rapprochant ou s'éloignant des observateurs.
A 600 m. . . . Les maniements d'armes.
De 700 à 750 m. Le mouvement des pelotons en marche, et vus de face ou par derrière.
A 1300 m. . . . La couleur rouge des pantalons des soldats d'infanterie.

OBSERVATION. Le sens du mouvement d'un peloton en marche et présentant le flanc se reconnaît à toutes distances.

TITRE IV.
PRATIQUE DU TIR.

PREMIÈRE LEÇON.
Exercices préparatoires de tir.

ARTICLE PREMIER.
Pointage.

L'instruction de pointage se donne d'abord dans les chambres.

L'instructeur réunit douze hommes. Il place un fusil sur le chevalet de pointage (1) (voir Planche II, fig. 1) et dirige la ligne de mire sur un point des murs ou des fenêtres, marqué par un pain à cacheter ou de toute autre manière. Il a soin de placer la hausse et le guidon de telle sorte que ces parties de l'arme ne penchent ni à droite ni à gauche.

____

1. On peut employer, au lieu de chevalet de pointage, un petit sac rempli de terre ou de sable. Le sac est placé sur un banc, le banc sur une table. On fait, en frappant avec le revers de la main, sur le sac, qui ne doit pas être rempli entièrement, un logement pour le fût de l'arme. On place l'arme en équilibre sur le sac, et l'on peut alors la diriger facilement à droite ou à gauche, en haut ou en bas, dans des limites assez étendues, en faisant mouvoir la crosse avec la main droite et en avançant ou faisant rétrograder le fût dans son logement. Cet appareil de pointage ne coûte rien et fournit d'aussi bons résultats qu'un chevalet. Quand on donne l'instruction de pointage sur le terrain, on peut placer le sac sur un trépied formé par trois gros bâtons liés entre eux au moyen d'une corde.

NOTA. Dans tous les exercices de tir, le fusil doit être muni de sa baïonnette.

L'instructeur commence les premières séances de pointage par l'explication de ceux des principes généraux du tir qui sont indispensables à l'instruction de pointage.

Il montre aux hommes les deux points qui déterminent la ligne de mire, c'est-à-dire le sommet du guidon et le milieu du fond du cran de la hausse. Il leur explique que, pour viser ou, ce qui est la même chose, pour pointer, il suffit de mettre ces deux points et celui que l'on doit viser sur un même rayon visuel; que, par conséquent, il ne faut pas regarder ces trois points avec les deux yeux, mais avec un seul, l'œil droit, en fermant pour cela l'œil gauche.

L'instructeur prescrit ensuite aux hommes de regarder, l'un après l'autre, en fermant l'œil gauche et en se plaçant en arrière de la crosse sans la toucher, le milieu du fond du cran de la hausse, le sommet du guidon et le milieu du pain à cacheter sur lequel la ligne de mire a été préalablement dirigée, et de s'assurer par eux-mêmes que ces trois points sont bien sur le même rayon visuel ou, ce qui est la même chose, en ligne droite. L'instructeur, après avoir dérangé le fusil, prescrit successivement à chaque soldat de viser le point désigné. Il vérifie le pointage, indique à chaque homme, s'il y a lieu, les erreurs qu'il a commises, en lui faisant voir que la ligne de mire n'est pas dirigée convenablement et qu'elle passe au-dessus ou au-dessous, à droite ou à gauche du point qu'il fallait viser. Après avoir rectifié le pointage exécuté par chaque soldat, l'instructeur a soin de déranger le fusil.

Les hommes pointent en se plaçant en arrière de la crosse, et en faisant mouvoir l'arme avec la main droite.

L'instructeur répète ensuite le même exercice ; mais, au lieu de rectifier d'abord par ses propres yeux le pointage exécuté à tour de rôle par chaque soldat, il le fait vérifier successivement par tous les autres, en demandant à chacun si la ligne de mire passe à droite ou à gauche, au-dessus ou au-dessous du point désigné. Lorsque tous les hommes ont exprimé leur opinion, l'instructeur donne la sienne, et corrige ainsi toutes les erreurs qui auraient pu être commises. L'instructeur fait recommencer cet exercice autant de fois qu'il est nécessaire ; il signale aux officiers de la compagnie le degré d'intelligence qu'a montré chaque homme dans cet exercice.

Deux séances de deux heures chacune, consacrées uniquement au pointage sur le chevalet, suffisent pour l'instruction de la généralité des jeunes soldats.

Il ne faut qu'une seule séance de cette espèce pour s'assurer, chaque année, que les anciens soldats n'ont pas oublié les principes très-simples du pointage.

Les séances d'instruction préparatoire de tir doivent être, autant que possible, de deux heures, en y comprenant une pause d'un quart d'heure.

Lorsqu'on donne l'instruction de pointage hors des chambres, on fait viser le centre du cercle noir d'une cible réglementaire placée à 200 mètres, si le terrain le permet.

ART. 2.

Position du tireur isolé debout.
(Voir Planche 1, fig. 1.)

Lorsque les hommes connaissent suffisamment le pointage, on leur enseigne à prendre la position du tireur isolé debout.

Après avoir formé son détachement sur un seul rang, en prescrivant aux hommes de se tenir à un pas d'intervalle, l'instructeur, faisant face au centre de la troupe, à dix pas de distance, donne lentement le détail de la position, en exécutant lui-même les mouvements prescrits.

Position du tireur isolé debout.
1 temps et 3 mouvements.

Premier mouvement. — Exécuter le premier mouvement de croiser la baïonnette comme il est prescrit à l'école du soldat, mais placer le pied droit à 30 centimètres en arrière et à 25 centimètres à droite du talon gauche, les pieds en équerre.

Deuxième mouvement. — Abattre l'arme et prendre une position semblable à celle du deuxième mouvement du premier temps de la charge, armer et saisir l'arme à la poignée.

Troisième mouvement. — Rentrer légèrement la pointe du pied gauche, élever l'arme avec les deux mains sans brusquer le mouvement, le corps restant d'aplomb et la tête droite; appuyer la crosse contre l'épaule, la main gauche à la capucine (1), le pouce allongé le long du canon, l'extrémité des autres doigts ne dépassant que légèrement les bords de la monture, le coude gauche abattu et en dedans, la monture reposant sur la paume de la main. Fermer l'œil gauche, élever l'épaule droite pour amener la ligne de mire à hauteur de l'œil; le coude à peu près à hauteur de l'épaule; diriger la ligne de mire sur le but, en penchant le moins possible la tête à droite; la

____

1. Les instructeurs doivent tenir compte des difficultés qu'éprouvent certains hommes, en raison de leur conformation, à remplir cette condition.

hausse et le guidon n'inclinant ni à droite ni à gauche ; le pouce de la main droite en travers sur la poignée, la deuxième phalange du premier doigt en avant de la détente, sans la toucher, les autres doigts entourant la poignée et s'aidant du pouce pour maintenir l'arme.

L'instructeur, après avoir détaillé la position, la fait prendre par chaque homme, en commençant par la droite du rang. Il s'approche du soldat qu'il veut instruire, et lui soutient l'arme, en portant la main à la grenadière. L'instructeur aide ainsi les hommes à prendre la position, dans les commencements, et diminue leur fatigue pendant le temps employé à leur donner les premiers enseignements et à rectifier les positions.

L'instructeur fait ensuite prendre la position par le même soldat, sans le guider et sans soutenir son arme. Après lui avoir indiqué, s'il y a lieu, en quoi sa position est défectueuse, il la lui fait quitter.

Pour faire prendre ou quitter la position, l'instructeur dit :

Prenez la position du tireur debout,

ou :

Quittez la position.

Lorsque l'instructeur passe d'un soldat à un autre, pour enseigner la position prescrite, il ordonne à celui qu'il quitte de prendre de lui-même cette position, de la garder un instant, de la quitter et de la reprendre autant de fois qu'il le pourra, pendant que l'instruction est donnée aux autres.

Lorsque les hommes doivent prendre et quitter fréquemment la position, il faut leur recommander de ne point armer.

L'instructeur fait ensuite prendre la position par tous les hommes à la fois, et les laisse en joue pendant un temps suffisant pour qu'ils s'affermissent dans la position prescrite, mais assez court cependant pour ne point occasionner une fatigue trop grande.

Placé devant le rang, l'instructeur adresse des observations aux soldats, afin de rectifier leurs positions.

La position du tireur debout peut être enseignée dans les chambres; dans ce cas, l'instructeur se conforme autant que possible aux principes ci-dessus.

Deux séances sont employées à donner aux jeunes soldats la position du tireur debout; une seule suffit aux anciens. Dans ces séances, on ne prescrit pas aux soldats de viser un point désigné, mais seulement de faire passer un rayon visuel par les deux points de la ligne de mire, et de tenir cette ligne à peu près horizontale.

ART. 3.

Pointage dans la position du tireur isolé debout.

Lorsque les hommes sont suffisamment affermis dans la position du tireur isolé debout, ils sont exercés à la garder en visant un point que l'instructeur désigne.

L'instructeur leur prescrit de diriger d'abord la ligne de mire au-dessous du point désigné, d'élever lentement le guidon jusqu'à ce que la ligne de mire passe par le point qu'il faut viser, et l'arrêter sur ce point en conservant l'immobilité de l'arme et du corps.

Deux séances sont employées à faire exécuter aux jeunes soldats ce qui est prescrit ci-dessus; les anciens soldats ne reprennent cet exercice que pendant une séance.

Lorsque les hommes savent bien viser, en se servant de la ligne de mire naturelle de l'arme, on leur apprend à pointer au moyen du pouce. Les deux reprises de chaque séance sont alors employées à des exercices différents. Dans la première, on explique aux hommes les diverses règles de tir de l'arme, et, dans la deuxième, on les leur fait appliquer en visant sur une cible réglementaire, supposée placée succesivement aux diverses distances de tir.

A cet effet, l'instructeur commande, par exemple:

Prenez la position du tireur debout.

A 400 mètres, pointez.

A ce commandement, les hommes prennent la position du tireur isolé debout, et visent la cible en appliquant la règle de tir relative à la distance de 400 mètres.

Quatre séances sont consacrées à cet exercice, pour l'instruction des jeunes soldats; deux séances suffisent pour rappeler aux anciens soldats toutes les règles de tir.

<h3 style="text-align:center">ART. 4.</h3>

Position du tireur isolé à genou, et pointage.

(Voir Planche I, fig. 2.)

Tourner l'arme avec la main gauche, la platine en dessus; la saisir à la poignée avec la main droite, et tourner un peu la pointe du pied gauche en dedans.

Porter vivement le pied droit en arrière, la pointe du pied à environ 76 centimètres du talon gauche et à 16 centimètres sur la droite, suivant la taille de l'homme, de manière que le genou posant à terre, comme il va être expliqué, se trouve à environ 27 centimètres en arrière du talon gauche et à 16 centimètres sur la droite; les genoux un peu ployés; descendre en même temps l'arme avec la main droite, vis-à-vis la cuisse droite, en achevant de la tourner, la baguette en avant; la saisir avec la main gauche à la capucine, cette main à hauteur du coude.

Poser le genou droit à terre, en observant de ne pas tomber brusquement; poser la crosse à terre sans frapper, la main droite restant à la poignée de l'arme.

Faire pivoter la jambe droite sur le genou appuyé à terre; placer cette jambe à peu près perpendiculairement à la direction du pied gauche, dans la position la plus commode; s'asseoir sur le talon droit, et prendre de l'aplomb et de l'aisance.

Soulever l'arme et l'abattre, à l'aide des deux mains, l'avant-bras gauche appuyé sur la cuisse gauche, la main droite à la poignée, le pouce sur la crête du chien, la crosse touchant la cuisse droite; armer.

Mettre en joue, en appuyant le coude gauche sur la cuisse et près du genou, la main gauche soutenant l'arme près de la platine; fermer l'œil gauche, élever l'épaule droite pour amener la ligne de mire à hauteur de l'œil, le coude à peu près à hauteur de l'épaule; diriger la ligne de mire sur le but, en penchant le moins possible la tête à droite; la hausse et le guidon n'inclinant ni à droite ni à gauche; le pouce de la main droite en travers sur la poignée, la deuxième phalange du premier doigt en avant de la détente, sans la toucher, les autres doigts entourant la poignée et s'aidant du pouce pour maintenir l'arme.

L'instructeur, après avoir pris et détaillé en même temps la position du tireur isolé à genou, se conforme, pour la faire prendre aux hommes, à ce que prescrivent les articles 2 et 3 pour la position du tireur debout.

On ne prend la position à genou qu'aux distances où l'on ne se sert pas du pouce comme hausse, c'est-à-dire où l'on pointe avec la ligne de mire naturelle de l'arme (1).

Trois séances sont employées à faire exécuter aux jeunes soldats ce qui est prescrit dans cet article; une seule séance suffit pour le rappeler aux anciens.

La position à genou n'est pas toujours praticable, et, malgré les avantages qu'elle présente pour la régularité du tir, elle doit être considérée comme exceptionnelle; aussi, dans les exercices de tir, doit-on la faire prendre moins fréquemment que la position du tireur isolé debout. Cette dernière est d'ailleurs bien plus difficile à conserver; elle demande beaucoup d'habitude, et ce serait empêcher les hommes de bien s'habituer à cette vraie position du tireur, que de les faire tirer trop souvent à genou.

L'appui que le tireur donne à son arme, en plaçant le coude sur le genou, dans la position à genou, n'est pas le seul moyen que l'on ait à la guerre pour augmenter la justesse du tir. Dans certains cas, une branche, un tronc d'arbre, la plongée d'un parapet, etc., peuvent fournir un appui préférable à celui que l'on trouve sur le genou.

---

1. Aux distances où l'on emploie le pouce comme hausse, il est impossible de placer le coude sur le genou et d'appliquer en même temps les règles de tir du fusil d'infanterie; les tirailleurs, devant toujours se conformer à ces règles, doivent donc renoncer à ce moyen, et ne se servir de la position à genou que pour se dérober à la vue de l'ennemi.

ART. 5.

Conservation de l'immobilité de l'arme entre les mains du tireur, pendant qu'il agit sur la détente, et après que le chien a été abattu sur le tampon.

On maintient facilement la ligne de mire d'une arme dans une direction donnée, tant qu'il ne s'agit pas d'appuyer sur la détente pour faire partir le coup; mais, lorsqu'on en vient là, il se présente une difficulté assez grande.

En appuyant sur la détente, on risque de déranger l'arme, de sorte que, bien dirigée avant qu'on ait touché la détente, elle peut ne plus l'être au moment où le coup part.

Il faut que le tireur ne cesse pas de maintenir la ligne de mire de son arme sur le point qu'indiquent les règles de tir, pendant tout le temps qu'il agit sur la détente, et tant que le coup n'est pas parti. Le coup doit le surprendre occupé à maintenir la ligne de mire sur le point indiqué par les règles de tir.

Le tireur parvient à ce résultat, s'il retient sa respiration du moment où il commence à toucher la détente jusqu'à ce que le coup soit parti; s'il n'agit point brusquement sur elle; s'il sait exercer, par degrés, une pression de plus en plus forte sur ce levier; s'il place le doigt de manière à lui laisser toute sa force et à lui communiquer des mouvements très-restreints, en le faisant agir, non point par l'extrémité, mais par la deuxième phalange, autant que la conformamation de l'homme le permet.

Lorsqu'on exécute, soit dans les chambres, soit sur le terrain, les exercices prescrits par le présent article, le tampon doit être sur la cheminée, et l'on veille à ce que ce tampon n'empêche pas de viser.

L'instructeur indique successivement à chaque soldat la manière d'agir sur la détente. Il prend devant eux une position commode, semblable à celle du 2e mouvement du 1er temps de la charge.

Dans cette position, il tient l'arme à la poignée avec la main droite, engage le premier doigt en avant de la détente jusqu'à la deuxième phalange, et agit par degrés sur la détente, en regardant le tampon placé sur la cheminée. Il fait prendre cette même position et exécuter ces mêmes mouvements par chaque soldat, et lui montre la manière d'agir sur la détente.

Après avoir fait répéter cet exercice plusieurs fois par chaque homme, l'instructeur explique à son détachement comment on doit opérer, lorsqu'on veut faire partir le coup sans déranger l'arme, après avoir visé et pris les positions prescrites par la présente instruction ou par l'école du soldat.

On donne cette explication de la manière suivante :

Agir par degrés sur la détente avec la deuxième phalange du premier doigt de la main droite, en retenant la respiration, de telle sorte que le coup (1) surprenne le tireur occupé à maintenir la ligne de mire sur le point visé.

Rester en joue un instant après que le coup est parti, et s'assurer que la ligne de mire passe encore par le point visé.

Quand on tire réellement, on ne peut pas rester en joue, à cause de la détonation, une fois le coup parti ; mais si, dans le tir réel, il se produit un long feu, le tireur, habitué à rester en joue, comme il est

____

(1) Dans le tir simulé dont il est question, le coup est le choc du chien sur le tampon.

prescrit dans cet article, ne dérange pas l'arme avant que le coup soit parti, et le long feu n'empêche pas le coup d'être bon.

On reconnaît un bon tireur à l'immobilité que conserve son arme, lorsqu'un raté a lieu dans le tir.

Dans le tir individuel, on peut tolérer que les soldats emploient deux doigts pour presser sur la détente, ainsi que le font quelques bons tireurs.

L'instructeur prescrit au soldat de prendre l'une ou l'autre des deux positions du tireur, mais plus fréquemment la position du tireur debout, et de faire partir le coup sans commandement, comme il vient d'être expliqué. Il désigne aux hommes le point qu'ils doivent viser, indique la distance réelle ou supposée du but, et exige qu'on applique la règle de tir de cette distance.

L'instructeur, pour faire exécuter ces exercices, dit, par exemple :

Prenez la position du tireur debout.

A 400 (ou à 600) mètres, pointez et tirez.

L'instructeur corrige les positions, et reconnaît facilement, par les mouvements de leurs armes, les hommes qui n'ont pas d'aplomb et qui ne savent pas agir sur la détente.

Cet exercice très-important occupe les jeunes soldats pendant deux séances; les anciens, pendant une seule.

On peut, en outre, y former les soldats dans les chambres, à temps perdu.

ART. 6.
Tir simulé avec des capsules.

Cet article est une répétition du précédent, avec

cette différence que l'on abat le chien sur la capsule, au lieu de l'abattre simplement sur le tampon, et qu'on ne montre plus au soldat la manière d'agir sur la détente, comme il est prescrit au commencement de l'article 5.

Les soldats visent, l'un après l'autre, sur la mèche d'une chandelle placée à une distance de la bouche de canon, mesurée par la longueur de la baguette du fusil. Ils ont soin de diriger d'abord la ligne de mire au-dessous de la mèche, et d'élever lentement le guidon, de manière à faire partir le coup lorsque la ligne de mire passe par le centre de la mèche enflammée.

Si les hommes sont affermis dans les positions, s'ils savent viser, s'ils conservent l'immobilité en visant et en faisant partir le coup, ils éteignent très-souvent la chandelle.

L'instructeur veille à l'observation des principes.

Le tir simulé aux capsules est exécuté en deux séances, par les jeunes soldats comme par les anciens.

On consomme dix capsules par homme à chaque séance, cinq à chaque reprise; trois capsules dans la position debout, et les deux autres dans la position à genou.

L'exercice du tir aux capsules se fait dans les chambres.

ART. 7.

Tir simulé avec des cartouches sans balles.

Dans le tir aux cartouches sans balle, on se conforme aux principes prescrits précédemment.

L'instructeur forme son détachement de douze hommes, sur le terrain, comme il est prescrit article 1er.

Les hommes font feu successivement sur la cible placée ou supposée placée à une distance réglementaire de tir.

Le tir aux cartouches sans balle s'exécute en deux séances, pour les jeunes soldats; en une seule, pour les clairons, sapeurs et anciens soldats.

Chaque séance est divisée en deux reprises.

On brûle dix cartouches par séance, cinq à chaque reprise; trois dans la position debout, et deux dans la position à genou, en appliquant les règles de tir pour les distances de 200, 400 et 600 mètres.

DEUXIÈME LEÇON

Tir à la cible aux diverses distances. — Formation des classes de tireurs.

Les distances réglementaires de tir sont celles de 100, 200, 400 et 600 mètres.

Elles sont mesurées et marquées sur le champ de tir, par les soins du capitaine instructeur.

Les surfaces sur lesquelles doivent être recueillies les balles, aux diverses distances, sont:

A 100 mètres, 1 cible;

200 mètres, 2 cibles contiguës, ou 1 double cible;

400 mètres, 4 cibles, ou 2 doubles cibles;

600 mètres, 8 cibles, ou 4 doubles cibles.

Aux distances de 100 et 200 mètres, le tir se fait en trois séances; il s'exécute en deux pour les distances de 400 et 600 mètres.

Les anciens et les jeunes soldats tirent aux mêmes distances et sur des buts de mêmes dimensions.

A chaque séance, on fait tirer six cartouches à balle par les anciens et les jeunes soldats.

Le tir de ces six balles est toujours précédé d'un

tir simulé, dans lequel chaque homme brûle une cartouche à poudre.

Cet exercice préparatoire sert à rappeler à chaque homme la règle de tir de la distance, et a de plus l'avantage de flamber l'arme.

Les instructeurs doivent faire exécuter ce feu simulé avec beaucoup de soin, et faire, pendant cet exercice, toutes les observations et rectifications qu'ils jugent nécessaires.

Pendant le tir à balle, les instructeurs et les officiers de la compagnie, qui dirigent le feu, évitent de se placer trop près du tireur; ils font peu d'observations, pour ne pas distraire son attention. Si celui-ci a mal appliqué quelque principe essentiel, on lui explique, après le coup, la faute qu'il a commise, et on lui apprend comment il doit l'éviter.

Les sous-officiers, sapeurs et clairons participent, avec leurs armes, à tous les exercices de tir de cette leçon.

Les sous-officiers tirent à part, et avant leurs compagnies. Les résultats qu'ils obtiennent sont constatés par l'officier de tir du bataillon.

Les compagnies sont conduites sur le champ de tir par leurs officiers; les hommes portent le sac.

Pendant le tir, la baïonnette est toujours au bout du canon.

La compagnie, formée par rang de taille, se partage en quatre demi-sections.

Les demi-sections qui attendent leur tour pour tirer reprennent, pendant quelque temps, les exercices de la première leçon du titre IV; le reste du temps est employé à l'appréciation des distances. On doit insister surtout sur la règle de tir de la distance à laquelle on va tirer.

Les demi-sections qui doivent tirer sont formées sur deux rangs, perpendiculairement au plan de tir, ce plan partageant le front en deux parties égales. Chaque homme reçoit une cartouche à poudre et six cartouches à balle.

On arrête le premier rang à dix pas en arrière du point que doit occuper le tireur.

Les hommes mettent l'arme au bras.

Le deuxième rang a l'arme au pied, à cinq pas en arrière du premier.

Avant de commencer le tir, l'officier instructeur fait exécuter un roulement ou la sonnerie de *garde à vous*. A ce signal, chacun se place à son poste : les officiers et les sous-officiers, près du point que doit occuper le tireur; le sous-officier observateur, derrière l'épaulement placé à côté et en avant de la cible.

On fait exécuter la charge à volonté; et, lorsque les armes sont chargées, on fait le roulement ou la sonnerie *commencez le feu.* (Voir, pour le chargement de l'arme, p. 92.)

A ce signal, l'homme de droite du premier rang se porte directement au point que doit occuper le tireur, fait feu, se retire par la droite, et vient se placer, l'arme au pied, à cinq pas en arrière de l'homme de droite du deuxième rang.

Le deuxième homme de droite du premier rang suit le mouvement du premier, se place, au port d'arme, à trois pas derrière lui, et se tient prêt à le remplacer; il fait feu à son tour, se retire par la droite, et vient se placer à la gauche du tireur précédent. Le mouvement continue ainsi jusqu'à la gauche du premier rang.

Lorsque le dernier homme s'est porté en avant,

un sous-officier, désigné à cet effet, fait porter les armes aux deux rangs du détachement, et les fait marcher cinq pas en avant. Le deuxième rang, devenu premier, met l'arme au bras, et se conforme à ce qui vient d'être prescrit.

Le premier rang, devenu deuxième, exécute la charge à volonté, au commandement du sous-officier, et met l'arme au pied pendant que l'autre rang exécute son tir.

Quand une arme rate, le soldat se retire à quelques pas à gauche du tireur suivant; il remet son arme en état, et va se placer ensuite à la gauche de son rang. Quand il a fait feu, il reprend sa place de bataille, afin que les tireurs reviennent toujours dans le même ordre.

Aux distances de 100 et 200 mètres, les hommes tirent quatre balles dans la position debout, et les deux dernières dans la position à genou.

Pour les deux autres distances, les six balles doivent être tirées debout.

Le sergent intructeur de tir remplit la colonne *balles mises*, dans la situation d'effectif de la compagnie, modèle *E*, à mesure que le tir a lieu, et conformément à ce qui est prescrit titre Ier. Les balles mises dans le cercle noir n'ont pas plus de valeur, sur les registres de tir, que celles qui ont touché un autre point de la cible.

Un sous-officier placé dans un abri creusé au pied de la butte et couvert par un petit épaulement en terre damée, d'une épaisseur de 1 mètre au minimum, indique, à l'aide d'un fanion, les balles qui touchent la cible et le noir; il soulève le fanion et le laisse immobile, pendant un instant, lorsqu'il veut signaler une balle ayant frappé la cible, hors du cercle;

2.

il indique que la balle a touché le cercle noir, en soulevant le fanion et en l'agitant.

Il faut une grande attention de la part du sous-officier chargé de signaler les balles ayant touché la cible.

Toutes les fois qu'une balle touche la cible, le tambour exécute un roulement, ou le clairon donne un coup de langue. Si la balle touche le cercle noir, le clairon sonne en plus un rigodon; le tambour donne en plus trois coups de baguette.

Trois classes de tireurs sont formées, dans les compagnies, pour les anciens soldats, et trois classes par bataillon, pour les jeunes soldats, lorsqu'on connaît les résultats des tirs individuels exécutés aux distances de 100 et 200 mètres.

La première classe, pour les anciens comme pour les jeunes soldats, se compose des hommes qui ont mis dans le but 16 balles au moins sur 36.

La deuxième classe, des anciens et des jeunes soldats, se compose de ceux qui ont mis dans le but, à ces mêmes distances, 11, 12, 13, 14 ou 15 balles sur 36.

La troisième classe, des anciens et des jeunes soldats, est formée de ceux qui ont mis dans le but, à ces mêmes distances, moins de 11 balles sur 36.

Il n'y a de mutations dans les classes qu'à la fin des exercices du tir à la cible.

Lorsque les tirs individuels, aux quatre distances réglementaires, sont terminés, les classes sont formées une seconde fois d'après les bases suivantes:

La première classe, des anciens et des jeunes soldats, se compose de ceux qui ont mis dans le but 20 balles au moins sur 60;

La deuxième classe, de ceux qui ont mis dans le but, 15, 16, 17, 18 ou 19 balles sur 60;

La troisième, de ceux qui ont mis dans le but moins de 15 balles sur 60, aux quatre distances réglementaires.

Les hommes qui ont manqué à une ou plusieurs des séances de tir sont placés dans les classes au rang que leur assigne le total de leurs balles ayant touché le but.

On fait en sorte que les soldats qui, par des motifs légitimes, ont manqué à quelques-unes des séances du tir à la cible, aient l'occasion d'exécuter les tirs de ces séances.

Les classes des jeunes soldats sont distinctes de celles des anciens.

Les classes des sous-officiers sont distinctes de celles des caporaux, sapeurs, clairons et anciens soldats.

Les listes dressées par compagnies, pour toutes les classes, excepté celles des sous-officiers, sont affichées dans les chambres des compagnies, où elles restent, tant que de nouvelles listes ne sont pas établies.

Les classes sont formées chaque année, à la reprise des exercices de tir, d'après les bases posées ci-dessus.

La formation des classes a pour but de faire connaître aux officiers les bons tireurs de leurs compagnies, et de stimuler l'amour-propre des hommes.

Les tireurs des différentes classes assistent aux mêmes exercices de tir, afin que l'instruction du régiment, à un moment donné, soit aussi complète que possible, et pour ne point jeter de complication dans le service.

Toutefois, les soldats de la deuxième et de la troisième classe sont remis aux exercices préparatoires de tir, dans les intervalles du tir à la cible, aussi souvent que l'exige leur degré d'instruction, et que le permet le service.

Quelle que soit l'étendue du champ de tir mis à la disposition d'un régiment, chaque homme doit tirer individuellement 60 balles en 10 séances.

L'instruction commence, chaque année, comme si le polygone permettait de tirer à toutes les distances réglementaires.

Lorsque tous les hommes du régiment ont tiré à chacune des distances comprises dans l'étendue du champ de tir, l'instruction est provisoirement arrêtée.

Si le corps prévoit un changement de garnison, il ne reprend l'instruction de tir qu'après avoir effectué son mouvement.

Si le corps trouve, dans sa nouvelle résidence, un polygone plus étendu que celui qu'il vient de quitter, l'instruction de tir est reprise au point où elle avait été provisoirement arrêtée. Si le nouveau polygone est plus restreint que le premier, l'instruction est refaite aux distances comprises dans le nouveau champ de tir.

Si, dans le courant du 2ᵉ trimestre, le corps n'a pas à sa disposition un polygone de 600 mètres, l'instruction de tir est reprise aux distances comprises dans l'étendue du champ de tir dont le corps dispose.

Les cartouches allouées pour le tir aux distances qui dépassent les limites du polygone sont tirées à des distances plus petites, en se conformant, pour la répartition, aux indications du tableau ci-après:

ÉTENDUE supposée du champ de tir.	NOMBRE DE SÉANCES en raison de l'étendue supposée du champ de tir.					NOMBRE DE BALLES à mettre dans la ciblo pour être admis à l'une des deux premières classes au deuxième classement des tireurs.	
	100	200	400	600	TOTAL.	1ʳᵉ classe.	2ᵉ classe.
100 mètres . .	10	»	»	»	10	30	20
200	4	6	»	»	10	26	18
400	3	4	3	»	10	22	16
600	3	3	2	2	10	20	14

On mentionne sur les divers registres les distances réelles auxquelles on a tiré.

Si tous les tirs ont été exécutés dans un même polygone ou dans des polygones de même étendue, il est fait, à la fin de tous les exercices individuels de tir, un deuxième classement des tireurs d'après les bases fixées au tableau précédent.

Si l'instruction a été faite dans des polygones de dimensions différentes, on prend pour base du deuxième classement les nombres qui correspondent au polygone le plus étendu.

La compagnie hors rang tire 30 cartouches par an, aux distances suivantes :

6, à 100 m.;
12, à 200 m.;
6, à 400 m.;
6, à 600 m.

Elle ne fait pas de feux d'ensemble.

Il est établi pour cette compagnie un classement de tireurs d'après les bases précédemmment indiquées.

Les résultats obtenus dans le tir par la compagnie hors rang sont reportés sur un des registres de bataillon. Cette compagnie est placée sur le registre à la suite de la compagnie de voltigeurs.

TROISIÈME LEÇON.

Feux de tirailleurs.

Quand le régiment a terminé tous les tirs à la cible, des feux de tirailleurs sont exécutés par les anciens et par les jeunes soldats.

Ces exercices ont lieu en deux séances, dans chacune desquelles on brûle 10 cartouches par homme.

Les feux de la première séance sont censés dirigés contre une ligne de tirailleurs; ceux de la deuxième, contre des troupes formées à rangs serrés.

Les moyens de pointage employés dans l'infanterie ne permettant pas de tirer avec succès sur des hommes isolés au delà de 300 mètres, les feux de la première séance sont ouverts en deçà de cette distance.

La ligne de tirailleurs fait feu en marchant, conformément aux principes de l'école de tirailleurs; elle se porte en avant, à partir d'une base jalonnée

par les soins du capitaine instructeur, et, lorsqu'elle
a brûlé la moitié de ses cartouches, c'est-à-dire cinq
par homme, elle bat en retraite. Les cinq dernières
cartouches qui restent à chaque homme sont employées dans le mouvement rétrograde.

Les buts sur lesquels les hommes font feu, dans la
première séance, sont des cibles réglementaires iso-
lées, placées sur une ligne parallèle à celles des
tirailleurs, et espacées de 5 mètres d'axe en axe.

La ligne des cibles est placée, quand le terrain le
permet et quand il n'y a pas d'accidents à redouter,
à quelques mètres en avant ou en arrière de l'empla-
cement ordinaire du but.

La distance de la ligne des cibles à la base jalonnée
d'où doivent partir les tirailleurs est comprise entre
200 et 250 mètres.

Cette distance est fixée par le chef de bataillon, et
mesurée par les soins du capitaine instructeur.

Les distances de tir inconnues des commandants
de compagnies, ainsi que des officiers, sous-officiers
et soldats sous leurs ordres, sont appréciées par les
compagnies elles-mêmes, qui agissent comme devant
l'ennemi.

Les distances de la ligne des cibles à la base du
mouvement, et les résultats du tir recueillis par le
le lieutenant et par les sergents instructeurs, sont
consignés sur les registres de tir.

Dans les feux en avançant, la distance minimum
des tirailleurs aux cibles est de 150 mètres.

Les feux de la deuxième séance sont exécutés
comme ceux de la première. Les buts sur lesquels
les soldats font feu sont formés de huit cibles contiguës, et présentant par leur réunion une surface de
2 mètres de hauteur sur 4 mètres de largeur.

Un cercle noir, de 20 centimètres de rayon, est placé sur le centre du but.

La distance de la ligne des cibles à la base du mouvement est comprise, pour cette seconde séance, entre 300 et 600 mètres.

Les sous-officiers, les sapeurs et les clairons n'exécutent pas les feux de tirailleurs.

Les compagnies, pour l'exécution de ces feux, sont partagées en sections ou en demi-sections, suivant leur effectif, de manière que le nombre des tirailleurs soit toujours compris entre 24 et 40.

Les feux de tirailleurs sont exécutés par les jeunes soldats, de la même manière que par les anciens. Les jeunes soldats sont cependant guidés par le lieutenant et par les sergents instructeurs de tir qui connaissent la distance, tandis que les officiers et les sous-officiers chargés de diriger les anciens soldats sont obligés de l'apprécier.

Si le terrain ne permet pas d'exécuter les exercices de la deuxième séance, on répète ceux de la première.

QUATRIÈME LEÇON.

Feux de peloton et de deux rangs.

On termine les exercices de tir par des feux de peloton et de deux rangs. Ces feux sont exécutés séparément : par les anciens soldats des compagnies, d'une part ; de l'autre, par les jeunes soldats, sous les ordres des officiers de tir.

Les compagnies et les pelotons de jeunes soldats sont formés par rang de taille.

Les pelotons de jeunes soldats doivent avoir 40 files au plus, et 16 au moins.

Les anciens et les jeunes soldats exécutent :

A 200 et à 400 mètres, trois feux de peloton de 3 cartouches par distance, et un feu de deux rangs de 6 cartouches par distance.

Le but, pour tous ces feux, à toutes les distances, est formé de huit cibles contiguës formant, par leur réunion, une surface de 2 mètres de hauteur sur 4 mètres de largeur.

Un cercle noir, de 20 centimètres de rayon, est placé au centre du but, comme il a été expliqué à la leçon précédente.

Les feux de peloton et de deux rangs sont exécutés en deux séances.

Dans la première, on tire à 200 mètres; dans la deuxième, on tire à 400 mètres. A chaque séance, on commence par les feux de deux rangs.

A chaque distance et pour chaque espèce de feu, on fait passer le deuxième rang au premier, après avoir employé la moitié des munitions.

Après chaque espèce de feux, on constate les résultats. On tient compte du nombre de tireurs, des balles tirées, des balles mises, et des diverses circonstances du tir.

Les officiers de tir des bataillons sont chargés de prendre ces notes.

Les résultats constatés, on répare les cibles avec soin, de manière qu'une balle ne puisse jamais être comptée deux fois.

Les feux de peloton et de deux rangs sont dirigés par le commandant de la compagnie, qui peut confier aux officiers sous ses ordres, pour leur instruction, le commandement d'une partie de ces feux.

Comme les positions des tireurs, dans les feux de peloton et de deux rangs sont différentes de celles qu'ils ont dû prendre dans tous les exercices de tir précédents, il est nécessaire, avant de faire exécuter les feux de peloton ou de deux rangs, à balles, d'habituer les soldats aux positions qu'ils doivent garder dans ces feux, par des tirs simulés du genre de ceux qui sont indiqués dans la première leçon de la pratique du tir.

Chaque peloton d'anciens ou de jeunes soldats est exercé, pendant deux séances, aux feux simulés de peloton et de deux rangs. Chaque séance est divisée en deux reprises.

Pendant la première reprise de chaque séance, on simule les feux en faisant abattre simplement le chien sur le tampon. On veille à ce que les hommes prennent bien les positions prescrites par l'école du soldat; on les habitue à viser dans le rang au moyen du pouce, et à mettre en pratique, autant qu'il est possible dans les feux d'ensemble, les principes antérieurement appliqués aux feux individuels.

Pendant la deuxième reprise de la première séance, on simule les feux en faisant partir des capsules au nombre de dix par homme. Quatre capsules sont employées dans le feu de peloton, et six dans les feux de deux rangs.

Pendant la deuxième reprise de la deuxième séance, on simule les feux en employant des cartouches sans balle, au nombre de dix par homme; quatre cartouches sans balle sont brûlées dans les feux de peloton, et six dans les feux de deux rangs.

Dans tous les feux, simulés ou réels, de peloton et de deux rangs, les sous-officiers, caporaux et soldats doivent avoir le sac.

La bonne exécution des feux de peloton dépend en grande partie du commandement de l'officier. Si celui qui commande les feux ne laisse pas, entre le commandement de *joue* et le commandement de *feu,* un intervalle suffisant, quatre secondes environ ; les hommes n'ont point le temps de viser. Pour obéir à temps au commandement, ils agissent sur la détente par un mouvement brusque du doigt, d'où il résulte que le feu perd beaucoup de son efficacité, et qu'on n'obtient pas cette simultanéité des coups à laquelle on a bien raison de tenir, puisque l'expérience et le raisonnement montrent que, en général, toutes choses égales d'ailleurs, un feu de peloton a d'autant plus d'efficacité qu'il a été exécuté avec plus d'ensemble.

Lorsque l'officier laisse entre les deux commandements un intervalle convenable, les hommes ont le temps de bien épauler et de bien ajuster, d'engager le doigt en avant de la détente, et d'attendre le commandement en exerçant d'avance une faible pression sur la queue de la détente. Ils sont donc prêts à faire partir le coup, lorsqu'ils entendent le commandement *feu,* de sorte que l'on obtient à la fois, par la régularité du commandement, la simultanéité des coups et l'efficacité du tir.

Si l'officier commandant un feu de peloton doit être attentif à laisser un intervalle suffisant entre les commandements *joue* et *feu,* il ne doit pas moins éviter de tarder trop longtemps à commander le feu; car, lorsqu'on laisse trop longtemps les hommes en joue, ils se fatiguent, cessent de viser, et ne sont plus prêts à obéir au [commandement en suivant les règles de tir.

Ce n'est qu'en commandant et en voyant exécuter

les feux réels de peloton, en mesurant les effets, par le nombre des balles recueillies dans les cibles, que les officiers peuvent apprécier l'influence d'un commandement fait à propos, et acquérir l'habitude de ce commandement.

Déjà, par les exercices ordinaires et par les tirs simulés dont il est question dans cette leçon, les officiers s'habituent à commander les feux ; mais leur instruction gagne beaucoup par le commandement des feux réels, lesquels permettent de constater la différence d'effets du feu de peloton, suivant que ce feu est bien ou mal commandé.

Il est nécessaire que, dans les feux d'ensemble, le chef de peloton indique aux soldats la distance qui les sépare de l'ennemi. Il ne doit pas abandonner l'appréciation de la distance, ni la détermination de la règle de tir qui en résulte, au libre arbitre de chaque homme. Placés dans les rangs, où ils sont gênés les uns par les autres, occupés d'ailleurs du chargement de leurs armes, les soldats ne sauraient évaluer la distance de l'ennemi. Il appartient aux chefs de peloton d'estimer cette distance, de la faire connaître aux soldats, et de leur prescrire la règle de tir qu'ils doivent appliquer.

Ces explications sont toujours très-succinctes, et précèdent immédiatement l'exécution des feux.

Comme mesure convenable de l'intervalle de temps nécessaire entre les commandements *joue* et *feu*, dans l'exécution des feux de peloton, l'officier qui commande le feu peut compter mentalement, *un*, *deux*, *trois*, *quatre*, sur la cadence du pas accéléré ; ce moyen, qui ne peut être une prescription, mais une simple indication, paraît propre à mettre de l'uniformité dans le commandement, et à empêcher une trop grande précipitation, toujours nuisible à la justesse du tir et à la régularité du feu.

Dans les feux de deux rangs, le chef de peloton indique la distance et rappelle la règle du tir, avant le commandement *commencez le feu*, et après le commandement *armes*.

Lorsque le feu de deux rangs est exécuté devant l'ennemi, la règle de tir doit être modifiée par le chef de peloton, pendant la durée du feu, suivant la distance variable de l'ennemi.

Quand les compagnies sont détachées, et que les jeunes soldats ne sont pas assez nombreux pour permettre de former un peloton de seize files, ils doivent rentrer dans les compagnies, afin d'y exécuter les feux de peloton et de deux rangs.

Si l'étendue du champ de tir ne permet pas d'exécuter les feux de peloton et de deux rangs à la distance de 400 mètres, on se conforme aux prescriptions du dernier paragraphe, page 68, relatif aux feux de tirailleurs, c'est-à-dire qu'on répète les feux de la première séance à la distance dont on peut disposer.

Dans tous les cas, on indique sur les registres et sur le rapport annuel de tir les distances réelles auxquelles ont été faits ces divers exercices.

Récapitulation des séances de deux heures et des munitions employées pour l'instruction des anciens et des jeunes soldats.

PRATIQUE DU TIR.	JEUNES SOLDATS.				SOUS-OFFICIERS, sapeurs et clairons.				CAPORAUX et anciens soldats.				SOUS-OFFICIERS, caporaux et soldats de la compagnie hors rang.			
	Séances.	Capsules.	Cartouches sans balles.	Cartouches à balle.	Séances.	Capsules.	Cartouches sans balles.	Cartouches à balle.	Séances.	Capsules.	Cartouches sans balles.	Cartouches à balle.	Séances.	Capsules.	Cartouches sans balles.	Cartouches à balle.
1er Leçon.																
Exercices préparatoires.																
Art. 1. Pointage	2	»	»	»	1	»	»	»	1	»	»	»	1	»	»	»
2. Position du tireur isolé debout	2	»	»	»	1	»	»	»	1	»	»	»	1	»	»	»
3. Position du tireur isolé debout, et pointage	4	»	»	»	2	»	»	»	2	»	»	»	2	»	»	»
4. Position du tireur isolé à genou	3	»	»	»	1	»	»	»	1	»	»	»	1	»	»	»
5. Conservation de l'immobilité de l'arme entre les mains du tireur	2	»	»	»	1	»	»	»	1	»	»	»	1	»	»	»
6. Tir simulé aux capsules.	2	20	»	»	2	20	»	»	2	20	»	»	2	20	»	»
7. Tir simulé avec cartouches sans balles	2	»	20	»	1	»	10	»	1	»	10	»	1	»	10	»
2e Leçon.																
Tir à la cible aux distances réglementaires	10	»	10	60	10	»	10	60	10	»	10	60	5	»	5	20
3e Leçon.																
Feux de tirailleurs	2	»	»	20	»	»	»	»	2	»	»	20	»	»	»	»
4e Leçon.																
Feux de peloton et de deux rangs, simulés, en abattant le chien sur le tampon	1	»	»	»	»	»	»	»	1	»	»	»	»	»	»	»
Feux simulés aux capsules et aux cartouches sans balles	1	10	10	»	»	»	»	»	1	10	10	»	»	»	»	»
Feux réels de peloton et de deux rangs	2	»	»	18	»	»	»	»	2	»	»	18	»	»	»	»
TOTAUX	35	29	40	98	19	20	20	60	23	30	30	98	14	20	15	30

Appréciation des distances après chaque séance de tir individuel.

Tableau indiquant le nombre de cartouches à balle à tirer dans les diverses séances et dans les feux prescrits par l'Instruction.

GENRE de FEUX.	SÉANCES.	DISTANCES EN MÈTRES.	CARTOUCHES A BALLE tirées par les			OBSERVATIONS.
			Jeunes soldats.	Officiers, sous-officiers, sapeurs et clairons.	Caporaux et anciens soldats.	
Tirs individuels.	3	100	18	18	18	
	3	200	18 } 60	18 } 60	18 } 60	
	2	400	12	12	12	
	2	600	12	12	12	
Feux de tirailleurs.	1	1re	10 } 20		10 } 20	
	1	2e	10		10	
Feux de peloton. Feux de 2 rangs.	1	200	3 } 9		3 } 9	
			6		6	
Feux de peloton. Feux de 2 rangs.	1	400	3 } 9		3 } 9	
			6		6	
Total des cartouches à balle brûlées......			98	60	98	

TITRE V.

NOTIONS COMPLÉMENTAIRES.

CHAPITRE PREMIER.

Des causes pour lesquelles on peut manquer le but.

On peut, avec le fusil d'infanterie et en général avec toutes les armes à feu, manquer le but par des causes très-différentes :

1° Parce que l'on ignore ou que l'on omet d'appliquer les principes du tir de l'arme que l'on a entre les mains, et les moyens suivant lesquels cette arme doit être chargée, maintenue, dirigée et tirée ;

2° Parce que la balle peut éprouver et éprouve généralement des déviations, à sa sortie du canon et pendant son trajet dans l'air.

Les premières causes peuvent être considérablement atténuées par les soins que l'on doit donner à l'instruction théorique et pratique des tireurs.

Les secondes tiennent à la nature de l'arme et aux influences extérieures qui agissent sur la balle. Le tireur le plus habile ne peut modifier en rien les effets de quelques-unes de ces causes.

Les moyens suivant lesquels l'arme doit être maintenue, dirigée et tirée, ont été expliqués dans la présente instruction.

Les principes généraux du tir, que cette instruction renferme, doivent être appliqués avec discernement. Les armes ne sont pas toujours d'une construction *parfaite*, comme on le suppose en théorie. Quelquefois, par exemple, la ligne de mire du fusil n'est pas exactement dans un même plan avec l'axe du canon. Il arrive alors que l'on ne peut placer le but dans le plan de tir, en le visant directement. Il faut, dans ce cas, corriger le défaut que présente le fusil, en déplaçant et replaçant convenablement les points qui déterminent la ligne de mire, ou bien en visant à droite ou à gauche du but, suivant que la ligne de mire passe à droite ou à gauche du plan de tir, en avant du canon. La quantité dont il faut viser à droite ou à gauche est proportionnelle à la distance du but, et dépend de l'irrégularité que présente le canon. Cette irrégularité est d'ailleurs très-rare et très-peu notable dans les fusils sortant des manufactures d'armes.

Le tireur doit avoir soin, comme on l'a prescrit dans les leçons de la pratique du tir, de tenir son arme de telle sorte que la ligne de mire soit placée dans le plan de tir. S'il penchait son fusil à droite ou à gauche, la ligne de mire sortirait du plan de tir. L'arme étant penchée à droite, le coup porterait à droite du point visé, et la portée serait diminuée. La balle passerait à gauche du point visé, et la portée serait encore diminuée, si l'arme était penchée à gauche. Ces effets sont d'autant plus marqués que l'arme est plus penchée, et que la distance du but est plus grande.

Le pointage au moyen du pouce n'est jamais bien régulier; il est très-difficile, et même presque impossible, de placer exactement la ligne de mire dans le plan de tir; il est plus difficile encore d'obtenir exactement, à l'aide du pouce, l'angle de mire qui porterait le but en blanc de l'arme à la distance où l'on se trouve du but. L'application d'une même règle de tir amène ainsi l'emploi d'angles de mire sensiblement différents, ce qui occasionne des différences de portée.

Mais, quelque soin que l'on apporte à l'exécution du tir du fusil, il existe dans l'arme elle-même et dans son mode de chargement, des causes pour lesquelles on manque souvent le but, lors même que l'on suit avec la plus grande exactitude les principes et les règles de tir. Ces causes, dont les effets augmentent progressivement à mesure que le but s'éloigne, existent, plus ou moins nombreuses et plus ou moins puissantes, dans toutes les armes, dont aucune par conséquent ne donne un tir parfaitement régulier.

La justesse peut beaucoup varier d'une arme à une autre, principalement à cause des différences qui existent dans les calibres. Ces différences peuvent atteindre $0^{mm},6$ dans les fusils rayés actuellement en service. Les canons dont le calibre est trop fort donnent des résultats inférieurs à ceux qu'on obtient dans les calibres réglementaires. On est bien parvenu à déterminer une balle qui se force toujours malgré l'augmentation du vent, mais elle n'a pas la même justesse dans tous les calibres.

Les fusils modèle 1854 ont quatre rayures dont la profondeur diminue progressivement du tonnerre à la bouche. Cette profondeur est de $0^{mm},5$ au tonnerre et de $0^{mm},1$ à la bouche. Ce système de rayures, reconnu le meilleur pour le tir des balles pleines, offre d'assez graves inconvénients avec les balles évidées;

les rayures, trop profondes au tonnerre, donnent quelquefois passage aux gaz, qui neutralisent ainsi le forcement et ôtent toute justesse au projectile. La progression en profondeur, augmentant les frottements de la balle dans l'âme, diminue la vitesse initiale et par conséquent la portée ; elle peut en outre déterminer la rupture de la balle dans le canon. Les expériences de 1855 et 1857 ont conduit à renoncer à ce système et à adopter, pour la transformation de 1857, des rayures d'une profondeur uniforme de 0mm,2, sans tolérance au-dessous. Avec ce nouveau système, le forcement est plus régulier, la justesse plus uniforme, la portée plus grande, et les ruptures sont moins fréquentes.

L'encrassement, produit par un tir prolongé, diminue la justesse et la portée de l'arme. Quand on est dans la nécessité de tirer un grand nombre de coups sans laver le fusil, on peut, au bout de vingt-cinq coups environ, faire disparaître l'encrassement de la manière suivante : on bourre très-fortement une balle et on place par-dessus un tampon de papier mâché, préparé avec l'enveloppe d'un paquet de cartouches. Le tampon, fortement bourré sur la balle, enlève, en sortant du canon, toute la crasse préjudiciable au tir.

Des cartouches mal confectionnées, ou détériorées dans les transports, mettent le tir dans des circonstances exceptionnelles qui donnent souvent de très-grandes déviations, par rapport à la trajectoire moyenne de l'arme. Ces déviations sont généralement dans le sens vertical ; ainsi, lorsque la charge est trop faible ou qu'une partie de la poudre a été réduite en pulvérin, la vitesse initiale de la balle est diminuée et la portée raccourcie. Si l'on applique les règles de tir déterminées par la connaissance de la trajectoire moyenne, les balles frappent au-dessous du point à atteindre, et souvent n'arrivent pas jusqu'au but. Si la quantité de poudre perdue est considérable, la balle ne se force pas et n'a aucune justesse.

Le même fait peut se présenter avec une charge de poudre, exacte et en bon état, et que l'on bourre trop fortement ; une partie de la poudre se réduit en pulvérin, ce qui diminue la force d'impulsion ainsi que la portée.

La densité, l'état hygrométrique de l'atmosphère, ont encore une influence très-sensible sur l'énergie de la poudre et sur la portée des balles. Cette influence peut être appréciable en comparant les résultats obtenus dans deux journées consécutives ; mais elle devient surtout très-sensible, quand on compare des tirs faits dans des saisons différentes. Telle hausse déterminée pendant l'été, pour une distance de 600 mètres, par exemple, ne donne, pendant la mauvaise saison, que 550 mètres de portée, à peu près. Réciproquement, une hausse, déduite d'expériences faites en hiver, correspond, pendant les grandes chaleurs, à des distances bien plus grandes que celle pour laquelle elle a été déterminée.

Les augmentations ou diminutions de portée, dues aux influences de la saison, sont d'autant plus grandes que la distance à laquelle on les observe est plus considérable.

On voit, d'après ces observations, qu'il y a lieu de modifier les règles de tir suivant le temps et l'état de conservation des munitions. Il est impossible de donner des règles précises à cet égard ; les modifications sont déterminées, avant chaque tir, par quelques coups d'essai.

Afin de tirer du fusil rayé d'infanterie le meilleur parti possible, les chefs de corps, le lieutenant-colonel qui dirige le tir, et le chef de bataillon qui en a la surveillance sur le terrain, doivent donner aux officiers de tir toute facilité pour qu'ils puissent faire observer dans les compagnies les modifications qu'ils croient devoir apporter au pointage, soit à cause du temps, soit par suite de l'état des munitions.

L'agitation de l'atmosphère exerce aussi une influence sur la justesse du tir. Si le vent souffle de droite, par exemple, la balle est jetée à gauche; elle est jetée à droite, si le vent souffle de gauche, soulevée si le vent vient d'arrière, abaissée s'il souffle de face, soulevée et jetée à gauche en même temps si le vent vient d'arrière et de droite, etc.

La déviation produite par le vent est d'autant plus grande que la distance du but est plus considérable; elle croît même beaucoup plus rapidement que les distances. L'expérience seule peut indiquer aux tireurs l'éloignement du point qu'il faut viser, à droite ou à gauche du but, pour neutraliser l'action d'un vent soufflant de côte, et les modifications que l'on doit faire subir aux règles de tir, lorsqu'on veut remédier aux effets d'un vent soufflant debout ou d'arrière.

L'intensité et la direction des vents sont choses trop variables pour que l'on puisse indiquer des règles précises dans le but d'en corriger l'action sur le tir. C'est aux officiers instructeurs qu'il appartient de guider les hommes, pour neutraliser autant que possible cette cause déviatrice.

Lorsqu'on tire sur un but qui se meut, on doit tenir compte de ce mouvement, et ne pas diriger la ligne de mire sur le point où se trouve le but au moment du tir, mais sur celui où l'on juge qu'il sera placé quand la balle aura franchi la distance.

Ainsi, par exemple, si l'on tire sur un cavalier, lancé au galop dans une direction perpendiculaire au plan de tir, il faut que la ligne de mire se meuve dans le sens où le cavalier se meut lui-même, et soit dirigée en avant du cavalier, et d'autant plus en avant qu'il est plus éloigné. Il faut d'ailleurs que cette ligne soit élevée ou abaissée, suivant la distance. Il serait impossible de donner des règles précises pour toutes les circonstances d'un tir de cette espèce.

Cependant on peut donner les indications suivantes :

LE CHEVAL MARCHANT AU PAS.

100 m.	viser le cheval à l'épaule.			
200 m.	—	—	l'extrémité des naseaux.	
300 m.	—	—	0m,80 en avant de la tête 1/2 longueur de cheval.	
400 m.	—	—	1m,80	— — 2 *idem.*
500 m.	—	—	3m,03	— — 2 1/2 *id.*
600 m.	—	—	4m,50	— — 3 *idem.*

LE CHEVAL AU TROT.

100 m.	viser le cheval à la tête.			
200 m.	—	—	1m,40 en avant.	1/2 longueur.
300 m.	—	—	3m,20 *idem.*	1 1/2 *idem.*
400 m.	—	—	5m,40 *idem.*	2 *idem.*
500 m.	—	—	8m,10 *idem.*	3 *idem.*
600 m.	—	—	11m,40 *idem.*	4 *idem.*

LE CHEVAL AU GALOP.

100 m.	viser en av. du chev. à	1m,08.. 1/2 longueur.
200 m.	— —	3m,98.. 2 *idem.*

300 m.   viser en av. du chev. à   7^m,48. . . 4 longueurs.
400 m.   —   —   12^m,00. . 6   *idem.*
500 m.   —   —   17^m,40. . 8   *idem.*
600 m.   —   —   24^m,95. . 12 1/2 *idem.*

CHAPITRE II.

Des prix de tir.

Dos prix de tir sont distribués, dans les régiments, à la suite des exercices annuels de tir, autant que possible en présence des inspecteurs généraux. Ces prix sont au nombre de douze par régiment.

Trois prix sont accordés aux sous-officiers; huit aux caporaux, sapeurs, clairons, anciens et jeunes soldats.

L'un des prix réservés aux sous-officiers est décerné d'après les résultats des tirs à la cible de l'année; les deux autres sont donnés au concours. Trois des prix accordés aux caporaux, sapeurs, clairons, anciens et jeunes soldats, sont distribués d'après les résultats des tirs à la cible de l'année; les cinq autres sont donnés au concours.

Le premier prix de tir du régiment est décerné d'après les résultats du tir à la cible de l'année; il est obtenu par le tireur de première classe qui a mis le plus de balles dans les cibles, soit que ce tireur appartienne à la classe des sous-officiers, soit qu'il se trouve parmi les caporaux, sapeurs, clairons, anciens ou jeunes soldats.

Chaque prix consiste en une épinglette à grenade et à chaîne d'argent. Le premier prix se distingue des autres par une grenade dorée. Les grenades portent un aigle en relief. (Voir Planche III.)

Le même bataillon et la même compagnie peuvent, le cas échéant, recevoir la plus grande partie ou même la totalité des prix.

Les tireurs qui ont obtenu les cinq prix qui se donnent d'après les résultats des tirs à la cible, sont admis au concours et peuvent y gagner cinq autres prix.

Si plusieurs tireurs, ayant mis la même quantité de balles dans le but pendant l'année, avaient droit à l'un des prix qui se donnent d'après les résultats des tirs à la cible, ou à un nombre de prix qui ne permettrait pas le partage, les deux concours auxquels ces tireurs prennent part trancheraient entre eux la question.

Il y a un concours pour les sous-officiers, et un autre pour les caporaux, clairons, sapeurs, anciens et jeunes soldats.

Ne sont admis au concours des sous-officiers que les vingt premiers tireurs de la première classe, formée d'après les résultats de tous les tirs à la cible.

Ne sont admis au concours des caporaux, sapeurs, clairons, anciens et jeunes soldats, que les cinquante premiers tireurs de la première classe, formée d'après les résultats de tous les tirs à la cible.

Toutefois, un plus grand nombre de sous-officiers, de caporaux et de jeunes soldats sont admis au concours, si plusieurs tireurs des premières classes, ayant mis le même nombre de balles, sont classés au même rang, dans l'une ou dans l'autre des deux catégories, et si, pour compléter le nombre des concurrents, on est obligé de prendre quelques-uns de ces tireurs; dans ce cas, il est de toute justice d'admettre au concours tous les tireurs dont il vient d'être question.

Si le nombre des tireurs de première classe, dans l'une ou l'autre catégorie, est moindre que celui des prix, le nombre des prix de chaque catégorie est réduit à celui de ces tireurs de première classe.

S'il n'y a pas de tireurs de première classe, ni dans la catégorie des sous-officiers, ni dans celle des caporaux et soldats, il n'y a pas de prix de tir dans le régiment.

Le lieutenant-colonel préside aux concours, et en fait observer rigoureusement les règles. Le capitaine instructeur, aidé d'un lieutenant ou d'un sergent instructeur de tir, est chargé de constater et d'inscrire les résultats du tir, de vérifier la mesure de la distance, et de faire distribuer les cartouches aux tireurs.

Le concours entre les sous-officiers, et celui qui a lieu entre les caporaux et soldats, sont réglés d'après le programme suivant:

ARTICLE PREMIER.

Le sort décide de l'ordre suivant lequel les concurrents tirent.

ART. 2.

Le but est le centre d'un panneau circulaire, de 1 mètre de rayon, placé à 200 mètres de distance du tireur; au centre du panneau se place un cercle noir, de 20 centimètres de diamètre. (Voir Planche II, fig. 3 et 4.) -

ART. 3.

Chaque concurrent tire de suite six balles.

ART. 4.

Lorsqu'un concurrent a tiré ses six balles, on mesure les écarts de celles qui ont touché le panneau. Le capitaine instructeur de tir veille à ce que l'on prenne très-exactement cette mesure, en tient note, et additionne les écarts, exprimés en millimètres. Lorsque les écarts des balles d'un tireur sont mesurés, on couvre les trous du panneau avec de petits morceaux de papier enduits de colle.

On considère comme ayant manqué le panneau les balles qui le touchent par ricochet.

ART. 5.

Les deux concurrents de la classe des sous-officiers qui ont, sur six balles ayant touché le but, les plus petites sommes d'écarts, obtiennent les deux prix réservés aux sous-officiers du bataillon.

ART. 6.

Les cinq concurrents de la classe des caporaux et soldats qui ont, sur six balles ayant touché le but, les plus petites sommes d'écarts, obtiennent les prix destinés à leur classe.

ART. 7.

Les tireurs ayant manqué une fois le panneau, n'ont des droits aux prix que dans le cas où ceux qui l'ont touché six fois sont moins nombreux que les prix. Il en est de même des tireurs ayant manqué deux fois, par rapport à ceux qui n'ont manqué qu'une fois. Dans chacune de ces divisions de tireurs les plus petites sommes d'écarts emportent les prix.

ART. 8.

Si plusieurs concurrents ayant obtenu les mêmes sommes d'écarts, ont droit à l'un des prix ou à un nombre de prix, qui ne permette pas le partage, ils tirent chacun une septième balle; si les septièmes balles donnent encore des écarts égaux, on fait tirer par chacun des concurrents une huitième balle, et ainsi de suite, jusqu'à ce que l'on puisse trancher la question par la différence des écarts.

ART. 9.

Les concurrents ne peuvent prendre, dans le tir, d'autre position que celle du tireur isolé debout; ils ne gardent pas le sac ni le sabre.

Chaque tireur doit charger lui-même son arme.

ART. 10.

Le tir doit avoir lieu, autant que possible, dans la même séance, pour tous les concurrents du bataillon. On commence par le concours des sous-officiers.

Si, pendant l'une des séances, le temps éprouve des variations telles que les tireurs appelés à faire feu les derniers aient un désavantage marqué sur les premiers tireurs, la séance serait suspendue et reprise en temps opportun.

ART. 11.

Les compagnies détachées prennent part aux concours. Le capitaine instructeur de tir assiste aux concours de ces compagnies; il fait mesurer la distance et les écarts, prend note des écarts de chaque concurrent, et vérifie les cordeaux et les règles, afin que les conditions du concours soient les mêmes pour tout le régiment.

Le pied du panneau circulaire servant de but doit être élevé de 50 centimètres au moins au-dessus du terrain horizontal, afin que l'on puisse constater facilement des ricochets. Dans un polygone, on place ce panneau à un mètre au-dessus du pied du talus de la butte. Dans les localités où l'on n'a point de polygone, on place le pied du panneau sur un petit tertre de 5 centimètres de hauteur.

On mesure les écarts au moyen d'une règle graduée en millimètres sur une longueur de 1 mètre. Pour se servir de cette règle et mesurer exactement et rapidement les écarts, on y ajuste, au centre du panneau, une pointe en saillie du côté du tireur. La règle est percée d'un trou circulaire du diamètre de la pointe, le centre du trou correspondant au zéro de la graduation de la règle; en la faisant tourner autour de la pointe, on peut facilement, à un millimètre près, mesurer la plus petite distance du centre du panneau au centre de chaque empreinte de balle.

CHAPITRE III.

Du matériel d'instruction, munitions, cibles, etc.

DES CARTOUCHES.

Éléments de la cartouche à balle, modèle 1857.

1° La balle, du poids de 32 grammes, du calibre de 17^{mm},2.

On distingue dans la balle : le méplat, la partie antérieure ogivale, les deux parties cylindriques, la cannelure, l'évidement pyramidal triangulaire;

2° La charge de poudre, du poids de 4 gr., 50.

3° Un petit rectangle de carton de la consistance d'une carte à jouer (base, 82 millimètres; hauteur, 42 millimètres);

4° Un petit trapèze de papier (grande base, 160 mill.; petite base, 120 mill.; hauteur 60 mill.);

5° Un trapèze enveloppe (grande base, 155 mill. petite base, 55 mill.; hauteur, 112 mill.);

6° De la graisse composée de quatre parties de suif et d'une de cire.

Éléments du paquet de cartouches.

1° Six cartouches;

2° L'enveloppe rectangulaire, en papier ordinaire, sans couleur spéciale, épais et fort (base, 420 mill.; hauteur, 140 mill.);

3° Un petit sachet de huit capsules (rectangle enveloppe du sachet: hauteur, 105 mill.; base, 140 mill. — Rectangle pour la languette: hauteur, 70 mill.; base, 105 mill.);

4° Un bout de ficelle de 50 cent. de longueur.

Cibles, cordeaux, etc.

Indépendamment des munitions, le matériel nécessaire à l'instruction de tir d'un régiment se compose de:

1° Douze cibles de 50 centimètres de largeur et de huit doubles cibles. La double cible ne diffère de la cible simple que par sa largeur, qui est d'un mètre.

Les buts, dans les feux d'ensemble, sont établis, conformément aux prescriptions, avec des cibles simples ou des doubles cibles, ou avec les deux espèces de cibles réunies, suivant qu'on le juge convenable;

2° Une chaîne d'arpenteur, pour la mesure exacte des distances de tir;

3° Deux cordeaux, de 25 mètres, à poignées en bois, par compagnie, pour l'appréciation des distances;

4° Un panneau circulaire; une règle graduée pour la mesure des écarts;

5° Un fanion par compagnie, et deux fanions par bataillon, pour les jeunes soldats;

6° Couleur noire, pinceaux, papier, colle, pour la réparation des cibles.

La cible se compose de deux montants en fer, assemblés au moyen de quatre traverses rivées sur les montants. Les montants se terminent par des pointes qui dépassent la traverse inférieure de 15 cent. environ. Ces pointes servent à planter la cible dans le sol. Un arc-boutant en fer, indépendant de la cible, sert à la maintenir par derrière. Lorsque la cible est plantée, on engage le crochet de l'arc-boutant dans l'anneau faisant corps avec la seconde traverse, le bec du crochet en dessus; on plante l'arc-boutant, et la cible se trouve fixée. (Voir Planche I, fig. 3.)

Le cadre en fer de la cible est revêtu d'un manchon en toile de coton, recouvert de papier collé.

Après le tir, on colle des morceaux de papier sur les trous faits par les balles, et, à la longue, ces morceaux collés et superposés forment une feuille de carton résistant.

Ces cibles sont d'un très-bon usage et d'un entretien facile.

Sur le champ de tir, il faut avoir soin de placer la cible dans un plan vertical perpendiculaire au plan de tir, et d'aplanir le terrain en avant. On perd beaucoup de ricochets, si on plante les cibles à une certaine hauteur, sur un talus fortement incliné.

CHAPITRE IV.

Des registres de tir.

Il est établi, dans chaque compagnie, une feuille de tir conforme au modèle *A* (1). Cette feuille fait suite au livre de détail. Elle est tenue par le fourrier, sous la direction du sergent-major, et sous la surveillance et la responsabilité du commandant de la compagnie.

Les résultats du tir à la cible, pour chaque homme, sont inscrits sur son livret, conformément au modèle *D*. Les inscriptions se font par trimestres, pour tous les tirs qui ont eu lieu pendant le trimestre écoulé, ou toutes les fois que le livret de l'homme doit être arrêté. Elles sont faites par le fourrier, pour les jeunes comme pour les anciens soldats. Les renseignements relatifs aux jeunes soldats sont fournis par l'officier de tir du bataillon, lorsque l'instruction est terminée.

Il est tenu, dans chaque bataillon, par l'officier de tir du bataillon, sous la surveillance du capitaine instructeur et du chef de bataillon, un état de tir des jeunes soldats du bataillon, conforme au modèle *A*. L'en-tête de la colonne *grade*, est seulement remplacé par celui-ci : *numéro de la compagnie*.

Il est tenu, dans chaque bataillon, par l'officier de tir de ce bataillon, sous la surveillance du capitaine instructeur et du chef de bataillon, un registre conforme au modèle *B*.

Il est tenu, dans chaque régiment, par le capitaine instructeur, sous la surveillance du lieutenant-colonel, un registre de régiment conforme au modèle *C*.

____

(1) Le format des registres, rapports, etc., doit être conforme aux dimensions portées sur chaque modèle.

Ce registre n'est pas établi dans les corps ou dépôts formés d'un seul bataillon.

Les résultats recueillis sur le terrain sont inscrits par le lieutenant-instructeur de chaque bataillon, sur un carnet conforme au modèle F. Ce carnet n'est pas, à proprement parler, un registre de tir; il ne sert qu'à l'inscription journalière et provisoire des résultats. Seulement, l'ordre et la méthode avec lesquels se font ces inscriptions, permettent de retrouver et de relever les erreurs qui se glisseraient, pendant l'année, dans les registres de compagnie.

Manière de charger le fusil rayé d'infanterie
et le mousqueton rayé de gendarmerie.

Le soldat, après avoir amorcé, prend la cartouche dans la giberne, comme il est expliqué à l'école du soldat; la porte à la bouche, saisit avec les dents l'extrémité du papier qui est engagé dans l'étui, le déchire le plus près possible du carton, et verse la poudre dans le canon, en ayant soin de presser et de secouer convenablement l'étui pour en faire sortir toute la poudre. Il retourne ensuite la cartouche; engage dans le canon la partie cylindrique de la balle, qui est graissée, jusqu'à la naissance de l'ogive, en tenant l'étui de la main droite, les ongles en-dessous; rompt le papier de l'enveloppe en renversant brusquement la main gauche à droite, et jette l'étui.

Il évite avec soin, dans ce dernier mouvement, de déranger la balle, la redresse, s'il y a lieu, et achève de l'engager dans le canon, en appuyant dessus avec la paume de la main droite.

Le soldat tire ensuite la baguette, et enfonce la

balle jusqu'à ce qu'elle repose sur la charge de poudre; il l'assure dans cette position par *deux* coups de baguette modérés.

Le chargement, tel qu'il vient d'être expliqué, est une condition rigoureuse pour obtenir, du fusil et du mousqueton rayés, toute la justesse dont ces armes sont susceptibles; il est donc essentiel que les instructeurs le fassent toujours régulièrement exécuter, et qu'ils veillent surtout à ce que le soldat ne déforme pas la partie antérieure de la balle par des coups de baguette d'une force exagérée.

TABLE DES MATIÈRES.

TITRE IV. — Pratique du tir.

Première leçon.

TITRE V. — Notions complémentaires.

TABLEAUX ET PLANCHES.

FEUILLE DE COMPAGNIE.

RÉGIMENT D'INFANTERIE.

* Bataillon. —   * Compagnie.

Première partie. — TIRS INDIVIDUELS.

Avant la reprise de l'instruction du tir et aussitôt que les compagnies auront établi leur contrôle annuel, conformément au présent modèle, chaque sergent-major remettra à l'officier de tir de son bataillon, sur feuille détachée, le double de son contrôle; l'officier de tir y inscrira journellement et nominativement les résultats du tir à la cible. Ces feuillets serviront, dans le courant de l'année, à vérifier les feuilles de tir des compagnies. Lorsque l'officier ou le chef de bataillon trouvera une différence entre les feuilles de compagnie et les feuillets de l'officier de tir, l'erreur sera relevée au moyen des situations conservées par le capitaine instructeur du tir. Ces feuillets mobiles seront conservés, jusqu'à ce que le registre du régiment soit définitivement arrêté par le lieutenant-colonel.

On se conformera, pour l'établissement du présent contrôle, aux prescriptions de l'ordonnance du 10 mai 1844, concernant le chapitre V du livre de détail.

Les numéros de classement seront toujours écrits à l'encre rouge.

3.

MODÈLE A.
(Format du livre de détail.)

Contrôle général des sous-officiers, caporaux et soldats, servant à l'inscription des balles mises dans les cibles, et classement résultant.

NUMÉROS ANNUELS	NOMS	GRADES	100 mètres — 1er tir (12 avril)	2e tir (14 avril)	3e tir (17 avril)	200 mètres — 1er tir (23 avril)	2e tir (29 avril)	3e tir (2 mai)	TOTAUX	1er CLASSEMENT	400 mètres — 1er tir (10 mai)	2e tir (11 mai)	600 mètres — 1er tir (17 mai)	2e tir (24 mai)	TOTAUX	2e CLASSEMENT	MUTATIONS ET OBSERVATIONS
1	Vigouroux	Sergent-major	4	2	3	2	4	3	18	*1re	1	2	0	1	22	*1re	
4	Gaston	Sergent	3	3	2	4	3	3	20	*1re	0	2	2	0	24	*1re	
5	Guérin	Idem	*2	*1	*4	*1	3	2	10	*2e	2	1	2	0	18	*2e	Venu des voltigeurs du 2e bataillon, le 24 avril, n°
19	Berger	Caporal	1	3	1	0	2	2	9	*3e	0	1	0	1	11	*3e	
20	Fournier	Idem	4	2	5	2	3	2	18	*1re	0	2	1	1	22	*1re	
27	~~Montaigu~~	Idem	6	4	3	2	2	2	19	*1re	1	0	—	—	20		Passé, pour son grade, aux voltigeurs du 2e bataillon, le 16 mai, n°
43	Riche	Tamb.														N. C.	Non armé.
52	Pélerin	Fusilier	4	3	2	3	4	2	18	*1re	3	2	1	2	26	*1re	
54	~~Briquet~~	Idem	1	2	0	2	1	2	8	*3e	0	2	1	—	11		Libéré le 21 mai.
55	Paul	Idem	2	1	2	1	3	2	11	*3e	1	2	0	0	14	*3e	
56	~~Lamoureux~~	Idem	3	5	3	2	1	3	17	*1re	—	—	—	—	17		Passé caporal à la 3e compagnie du 1er bataillon, le 5 mai, n°
132	~~Pouvin~~	Idem	2	4	3	3			12	*2e	—	—	—	—	12		Mort le 3 mai, étant à l'hôpital du 25 avril.
133	Defrance	Idem	2	3	2	3	2	1	13	*2e	1	0	1	0	15	*3e	
134	Delliers	Idem	3	5	2	2	1	3	16	*1re	2				18	*2e	Employé à l'intendance du 12 mai au 31 décembre.
135	Hameau	Idem														*N. C.	Infirmier auxiliaire du 1er janvier au 31 décembre.
136	Dubernard	Idem	3						3	*3e					3	*3e	Employé comme secrétaire du général commandant la subdivision, du 13 avril au 31 décembre.
137	Besnier	Idem	2	4	1	2	1	3	13	*2e	0	1	0	0	14	*3e	
138	~~Badieux~~	Idem	1	3	2	1	2	1	10	*3e·1					10		Rentré de congé le 25 mai; passé au 01e le 16 août. (Rappel des six premiers tirs seulement.)
	Nombre de balles mises — dans la C¹e		129	132	90	95	99	93			45	48	24	15	770		
	hors la C¹e		*6	*3	*12	*7	*8	*6			*5	*3			*50		

MODÈLE A.
(Suite.)

NUMÉROS ANNUELS.	NOMS.	GRADES.	100 mètres.			200 mètres.			TOTAUX.
			1er tir. 12 avril.	2e tir. 16 avril.	3e tir. 17 avril.	1er tir. 23 avril.	2e tir. 26 avril.	3e tir. 2 mai.	
	Report de balles mises {dans la Cie.		129	132	90	95	99	63	
	{hors la Cie.		*6	*3	*12	*7	*8	*8	
139	Klein	Fusilier.							
140	Lochet . . .	Idem.							
141	Bertin . . .	Idem.	4	2	3	4	2	3	18
142	Jacques . . .	Idem.	*2	*0	*3	*2	*1	*3	*11
143	Oliveau . . .	Idem.	*3	*2	*4	*3	*2	4	18
144	Georgé . . .	Idem.							
	Nombre de balles mises {dans la Cie.		171	177	180	159	163	165	
	{hors la Cie.		*18	*3	*24	*14	*16	*11	
	TOTAUX		189	186	210	173	179	176	
	Nombre de tireurs dans la Cie.		83	82	81	81	82	82	
	Nombre de balles tirées dans la Cie		498	492	486	486	492	492	
	Pour cent des tirs individuels dans la Cie		34,3	35,9	38,3	32,7	33,1	33,5	

NUMÉROS / NOMS	1er CLASSEMENT.	400 mètres.		600 mètres.		TOTAUX.	2e CLASSEMENT.	MUTATIONS ET OBSERVATIONS.
		1er tir. 10 mai.	2e tir. 14 mai.	1er tir. 17 mai.	2e tir. 24 mai.			
Report de balles mises {dans la Cie.		45	48	24	15	770		
{hors la Cie.		*5	*3			*50		
139 Klein								Jeune soldat arrivé au corps le 15 avril.
140 Lochet								Jeune soldat arrivé au corps le 17 avril.
141 Bertin	*1er	1	2	1	2	24	*1er	Venu de la 3e compagnie du 1er bataillon, le 10 mai, n° (n'avait exécuté aucun tir dans son ancienne compagnie).
142 Jacques	*3e	*3	*1	1	1	17	*2e	Venu du 14e de ligne, le 15 mai.
143 Oliveau	*1er	0	1	0	0	19	*2e	Venu de la 1re compagnie du 2e bataillon, le 8 juillet, n° (avait exécuté les cinq premiers tirs.)
144 Georgé							*N. C.	Venu de la 2e compagnie du 1er bataillon, le 15 août, n° , étant en convalescence du 6 mars (n'avait exécuté aucun tir dans son ancienne compagnie).
Nombre de balles mises {dans la Cie.		87	91	36	39	1,274		
{hors la Cie.		*7	*9	*4	*3	*115		
TOTAUX		94	100	40	42	1,389		
Nombre de tireurs dans la Cie.		80	75	75	72			
Nombre de balles tirées dans la Cie.		480	450	450	432	4,758		
Pour cent des tirs individuels dans la Cie.		18,1	20,2	8,0	9,0	26,8		

NOTA. Tous les chiffres précédés d'une étoile dans le tableau, Modèle A, représentent des chiffres à l'encre rouge.

MODÈLE A. (Suite.)

Décomposition, par classes de tireurs, de l'effectif de la compagnie, au 31 décembre.

DÉSIGNATION des classes.	Sous-officiers.	Anciens soldats.	Jeunes soldats.	Totaux.
1re classe	3	7	1	11
2e classe	2	18	5	25
3e classe	1	31	9	41
Non classés		4	2	6
Total	6	60	17	83
Total égal à l'effectif de la compagnie, au 31 décembre		83		

Explications pour la tenue des tableaux qui précèdent.

Les renseignements relatifs au classement des jeunes soldats sont fournis par le lieutenant instructeur de tir du bataillon.

L'usage des guillemets est interdit: lorsqu'il n'y a pas eu de balles mises dans la cible, on met zéro à la ligne des résultats. Lorsqu'un homme a manqué au tir de la compagnie, on laisse la ligne des résultats en blanc, jusqu'à ce qu'on puisse la remplir, en faisant le rappel, sans indiquer le motif de l'absence à la colonne *Observations*. La date mise en tête de la colonne est celle du tir de la compagnie.

Les mutations des gains et pertes doivent être mentionnées aux observations. Lorsqu'un homme quitte la compagnie, on barre son nom; on tire un trait noir sur le restant de la ligne, à partir du dernier résultat obtenu jusqu'à la dernière colonne, de 600 mètres; on porte le total de ses balles mises dans la colonne *Totaux*, on barre sa case de 2e classement, et on porte la mutation dans la colonne d'observations. (Voir au tableau, pour exemple, le nommé Montaigu.) Lorsqu'un homme arrive à la compagnie, on transcrit à l'encre *rouge* les résultats de ses tirs antérieurs, qui doivent servir pour ses classements. (Voir, pour exemple, au tableau, le nommé Guérin.) Les totaux ne doivent être arrêtés qu'à la fin de l'année, au moment d'envoyer le rapport des écoles régimentaires de tir. Les hommes étant rangés par numéros annuels, la feuille de compagnie devra comprendre tous les jeunes soldats, mais les lignes des résultats de leurs tirs devront rester en blanc. (Voir, pour exemple, les nommés Klein et Lochet.) On additionnera horizontalement, pour la formation des classes, les résultats inscrits à l'encre rouge avec ceux obtenus dans la compagnie. On additionnera verticalement: 1° les résultats de la compagnie qui doivent seuls figurer sur le registre du bataillon; 2° et à part, les résultats inscrits à l'encre rouge. Ces deux résultats séparés seront réunis par colonne, et la somme de ces nouveaux totaux doit reproduire le total de la colonne verticale intitulée *Total général*.

Lorsqu'au 31 décembre on arrête la feuille de tir de la compagnie, tout homme n'ayant fait qu'une partie des tirs individuels est classé d'après le total de balles qu'il a mises dans la cible, et on porte en observation le motif qui l'a empêché de terminer ses tirs. (Voir, pour exemple, les nommés Delliers et Dubernard.) Tout homme n'ayant exécuté aucun tir pendant l'année est porté comme *non classé* par les initiales N. C., dans la case du 2e classement, et le motif en est indiqué dans la colonne d'observations. (Voir pour exemple, les nommés Riche et Hameau.)

Lorsque les totaux dans la compagnie et le nombre de tireurs dans la compagnie sont vérifiés et arrêtés pour toutes les distances, on multiplie par 6 le nombre de tireurs à toutes les distances, ce qui donne pour chacune d'elles le nombre de balles tirées. Le pour cent pour chaque distance s'obtient en divisant le nombre des balles mises, multiplié par 100, par le nombre de balles tirées.

Modèle A.
(Suite.)

DEUXIÈME PARTIE.

Feux d'ensemble.

ESPÈCES de feux.	DATES.	DISTANCES.	NOMBRE. de tireurs.	NOMBRE. de balles tirées.	NOMBRE. de balles mises.	NOMBRE. Pour cent.	OBSERVATIONS.
Feux de tirailleurs.	1er juillet.	mèt. 250	62	620	125	20.1	Pour les feux de tirailleurs, la distance à indiquer est celle de la ligne des cibles à la base du mouvement.
	6 juillet.	528	61	610	92	15.1	
Feux de peloton.	15 juillet.	200	60	480	95	52.7	
	19 juillet.	400	60	180	57	31.5	
Feux de deux rangs.	15 juillet.	200	60	360	205	56.9	
	19 juillet.	400	60	360	104	28.9	
Totaux				2,310	678	29.3	

Nota. La deuxième partie des feuilles de compagnies devra être séparée de la première, de manière à être sûr d'éviter, dans le courant de l'année, tout enchevêtrement de l'une avec l'autre.

La feuille de tir de compagnie sera signée à la fin de l'année, *ne varietur*, par les capitaines commandant la compagnie.

RÉCAPITULATION.

	NOMBRE		
	de balles tirées.	de balles mises.	p. cent.
Totaux des tirs individuels. . . .	4,738	1.347	29.0
Totaux des feux d'ensemble . . .	2,310	678	29.3
Totaux généraux. . . .	7,048	2,025	28.8

FEUILLES DES JEUNES SOLDATS

PAR BATAILLON.

Ces feuilles sont entièrement conformes à celles des compagnies, modèle *A ;* seulement, l'en-tête de la colonne intitulée *Grades* est remplacé par celui-ci : *Numéro de la compagnie.*

FORMAT.

Hauteur. . 0m,340
Largeur. . 0m,215

Modèle B.

REGISTRE DE BATAILLON.

e RÉGIMENT D'INFANTERIE.

PREMIÈRE PARTIE. — ANCIENS SOLDATS.

Récapitulation des tirs faits par les compagnies du bataillon.

ESPÈCES DE FEUX.	DISTANCES.	NOMBRE DE		POUR CENT.	OBSERVATIONS.
		coups tirés.	balles mises.		
Grenadiers, même tracé que ci-dessous.					
1re COMPAGNIE.					
	100	498	171	34.3	Avant d'établir le registre du
	100	492	177	35.9	bataillon, l'officier de tir vérifie
	100	486	186	38.3	avec soin les registres de compa-
					gnie, au moyen des résultats qu'il

ESPÈCES DE FEUX.	DISTANCES.	coups tirés.	balles mises.	POUR CENT.	OBSERVATIONS.
Tirs individuels.	200	486	159	32.7	a inscrits, dans l'année, sur son
	200	492	163	33.1	carnet. S'il y a des erreurs, il en
	200	492	165	32.5	cherche la provenance, en consul-
	400	480	87	18.1	tant les situations fournies par la
	400	450	91	20.2	compagnie pendant l'année. (C'est
	600	450	36	8.0	ici la 1re compagnie qui est le
	600	432	39	9.0	point de départ du modèle [A].)
Feux de tirailleurs (1). . .	250	820	125	20.1	Lorsque les totaux dans la com-
	525	610	92	15.1	pagnie et le nombre de tireurs
					dans la compagnie sont vérifiés et
					arrêtés pour toutes les distances,
Feux de peloton.	200	180	95	52.7	on remplit les deux dernières
	400	180	57	31.5	lignes de la première partie du
					registre de compagnie.
Feux de deux rangs. . . .	200	360	205	56.9	Ces résultats, ainsi que ceux
	400	360	104	28.9	des feux d'ensemble, sont donnés
					au lieutenant de tir, qui les trans-
					crit sur le registre du bataillon,
					après les avoir de nouveau vérifiés
					à l'aide de son carnet.
TOTAUX.		7,068	1,952	27.6	

1. Pour les feux de tirailleurs, la distance à indiquer sera celle de la ligne des cibles, à la base du mouvement.

Pour les autres compagnies, même tracé que ci-dessus.

Suite du Modèle B.

ESPÈCES DE FEUX.	DISTANCES.	NOMBRE DE		POUR CENT.	OBSERVATIONS.
		corps tirés.	balles mises.		

Récapitulation, par séance, pour toutes les compagnies.

ESPÈCES DE FEUX.	DISTANCES.	corps tirés.	balles mises.	POUR CENT.	OBSERVATIONS.
Tirs individuels	100 m	3,840	1,362	35.5	Cette récapitulation est donnée au capitaine de tir, qui la transcrit sur le registre du régiment.
	100	3,840	1,392	36.2	
	100	3,810	1,351	35.5	
	200	3,787	1,279	33.8	
	200	3,774	1,292	34.2	
	200	3,774	1,297	34.4	
	400	3,720	715	19.2	
	400	3,600	728	20.2	
	600	3,600	285	7.9	
	600	3,540	301	8.5	
Feux de tirailleurs	1er séance	4,050	923	22.8	
	2e séance	4,050	614	15.2	
Feux de peloton	200	1,620	461	28.4	
	400	1,620	373	23.0	
Feux de deux rangs.	200	2,430	1,007	41.4	
	400	2,430	815	33.5	
Totaux		53,478	14,195	26.5	

MODÈLE B.
(Suite.)

Récapitulation, par compagnie, pour toutes les séances.

INDICATION des compagnies.	NOMBRE		Pour cent.	OBSERVA-TIONS.
	de corps tirés.	de balles mises.		
Grenadiers.	7,624	1,772	25.2	
1re compagnie. . .	7,068	1,952	27.6	
2e idem	7,898	2,578	32.6	
3e idem	7,088	1,425	20.1	
4e idem	5,124	1,215	23.7	
5e idem	7,612	1,291	17.0	
6e idem	5,024	1,170	23.3	
Voltigeurs.	6,640	2,792	42.0	
Totaux. . . .	53,478	14,195	26.5	
Tirs des jeunes soldats	8,312	2,078	25.0	
Totaux généraux pour le bataillon. .	61,790	16,273	26.3	

Vu et vérifié :

Le Chef de bataillon ,

DEUXIÈME PARTIE.

JEUNES SOLDATS.

La deuxième partie du registre du bataillon est tracée comme la première; les résultats y sont portés sans distinction de compagnie.

TROISIÈME PARTIE.

Décomposition, par classe de tireurs, de l'effectif du bataillon au 31 décembre.

DÉSIGNATION des compagnies.	SOUS-OFFICIERS.				ANCIENS SOLDATS.				JEUNES SOLDATS.				TOTAL par compagnie.
	1re classe.	2e classe.	3e classe.	Non classés.	1re classe.	2e classe.	3e classe.	Non classés.	1re classe.	2e classe.	3e classe.	Non classés.	
Grenadiers .	2	3	1	0	15	20	26	0	0	0	0	0	67
1re comp. . .	2	4	0	0	13	19	23	1	4	3	1	0	70
2e idem . . .	1	4	1	0	14	21	24	0	2	1	3	1	72
3e idem . . .	1	5	0	0	12	18	25	1	5	2	2	0	71
4e idem . . .	2	2	1	1	14	19	23	0	3	3	2	0	70
5e idem . . .	1	3	1	1	13	20	24	0	2	4	1	0	70
6e idem . . .	1	4	1	0	12	19	24	1	4	3	3	0	72
Voltigeurs .	1	5	0	0	15	21	27	0	0	0	0	0	69
Totaux . .	11	30	5	2	108	157	196	3	20	10	12	1	561
	48				464				49				561

FORMAT.
—
Hauteur 0m,340
Largeur 0m,215

REGISTRE

RÉGIMENT

DE RÉGIMENT.

D'INFANTERIE.

— ANCIENS SOLDATS.

Modèle C.

PREMIÈRE PARTIE.

1er BATAILLON.

ESPÈCES DE FEUX.	DISTANCES.	NOMBRE de coups tirés.	NOMBRE de balles mises.	POUR CENT.	OBSERVATIONS.
Tirs individuels	100m	3,840	1,362	35.5	Pour établir le registre du régiment, on prend les récapitulations par séances des registres de bataillon.
	100	3,840	1,392	36.2	
	100	3,810	1,351	35.5	
	200	3,780	1,279	33.8	
	200	3,774	1,292	34.2	
	200	3,774	1,297	34.4	
	400	3,720	715	19.2	
	400	0,000	720	20.2	
	600	3,600	285	7.9	
	600	3,540	301	8.5	
Feux de tirailleurs	1re séance.	4,059	923	22.8	
	2e séance.	4,050	614	15.2	
Feux de peloton	200	1,020	461	28.4	
	400	1,620	373	23.0	
Feux de deux rangs	200	2,430	1,007	41.4	
	400	2,430	815	33.5	
TOTAUX		53,478	14,195	26.5	

2e bataillon (même tracé que ci-dessus).
3e bataillon (idem.).

MODÈLE C.
(Suite.)

Récapitulation par séances, par

ESPÈCES DE FEUX.	DISTANCES.	NOMBRE de coups tirés.	de balles mises.
Tirs individuels	100	11,430	3,997
	100	11,430	4,059
	100	11,220	4,136
	200	11,220	3,625
	200	11,100	3,732
	200	10,800	3,815
	400	10,800	1,994
	400	10,710	2,123
	600	10,710	870
	600	10,710	895
Totaux des tirs individuels			
Feux de tirailleurs . .	1re séance . .	12,300	2,851
	2e séance . .	12,300	1,692
Feux de peloton. . . .	200	4,880	1,420
	400	4,880	1,009
Feux de deux rangs. .	200	7,320	2,872
	400	7,320	2,300
Totaux des feux d'ensemble			
Totaux de tous les tirs des anciens soldats			

distances et par genre de feux.

Pour cent.	TOTAUX Coups tirés.	Balles mises.	Pour Cent.	OBSERVATIONS.
35.0 35.5 36.9	34,080	12,192	35.8	
32.3 33.6 35.3	33,120	11,172	33.7	
18.5 19.8	21,510	4,117	19.1	
8.1 8.3	21,420	1,765	8.2	
. . . .	110,130	29,246	26.6	
23.2 15.9	24,600	4,813	19.5	
29.3 20.7	19,760	2,438	23.0	
39.2 32.2	14,640	5,232	35.7	
. . . .	49,000	12,483	25.5	
. . . .	159,130	41,729	26.2	

Modèle C.
(suite.)

Récapitulation par bataillon.

INDICATION des bataillons.	NOMBRE		Pour cent.	OBSERVA- TIONS.
	de coups tirés.	de balles mises.		
1er bataillon	53,478	14,195	26.5	
2e idem	53,806	14,618	27.2	
3e idem.	51,846	12,916	24.9	
Totaux.	159,130	41,729	26.2	

DEUXIÈME PARTIE.

JEUNES SOLDATS.

La deuxièm partie du registre du régiment est remplie exactement comme la première partie.

Après la récapitulation par bataillon, on établit la récapitulation générale pour le tir de l'année.

Récapitulation générale pour l'année 186 .

TIRS.	NOMBRE		Pour cent.	OBSERVATIONS.
	de coups tirés.	de balles mises.		
Des anciens soldats.	159,130	41,729	26.2	
Des jeunes soldats.	23,600	5,900	25.0	
Totaux généraux. . . .	182,730	47,629	26.1	

Modèle D.
(Format du livret.)

LIVRET DU

TIR A LA CIBLE : A COMMENCÉ LES

FUSILIER BERTRAND.

EXERCICES DU TIR LE 15 MARS 186 .

ANNÉES.	NOMBRE DE BALLES MISES.										TOTAUX.	Numéros du classement de 2e formation.	OBSERVA-TIONS.
	100 1er tir.	100 2e tir.	100 3e tir.	200 1er tir.	200 2e tir.	200 3e tir.	400 1er tir.	400 2e tir.	600 1er tir.	600 2e tir.			
1860	2	3	4	3	2	5	1	2	0	0	22	1	
1861													
1862													
1863													
1864													
1865													
1866													

Nota. Lorsqu'un homme a manqué à un ou plusieurs tirs, et lorsqu'il aura été impossible de lui en faire le rappel dans l'année, la ligne des résultats restera en blanc, et le classement de 2e formation se fait d'après le total des balles ayant touché le but.

MODÈLE E.

———

Format.

Hauteur . . . . $0^m,340$
Largeur . . . . $0^m,215$

RECTO
de la situation.

RÉGIMENT D'INFANTERIE.

BATAILLON. ——   COMPAGNIE.

Situation de la Compagnie pour le tir à la cible
du   186 .

Tir à 100 mètres (1ᵉʳ tir).

Effectif de la compagnie 70

Absents ou non disponibles 25

Reste pour le tir 45

Le Capitaine commandant la Compagnie,

Modèle E.
(Suite.)

*Situation de l'effectif de la compagnie pour le tir
à la cible du   186 .*

NUMÉROS annuels.	NOMS des tireurs.	BALLES mises.	NUMÉROS annuels.	NOMS des tireurs.	BALLES mises.
				Report . . .	7
1	Renard . . .	1.1.1.			
4	Guérin . . .	1	11	Ballon . . .	1.1.1
6	Valentin. . .	0	12	Louis	1.1.1.1
8	Berger . . .	0	13	Pierre. . . .	0
7	François . .	0	14	Masson . . .	1.1
8	Paul.	1.1			
9	Labrousse . .	1			
10	Jacquot . . .	0			
	A reporter . .	7		TOTAL . . .	16

Modèle E.
(Suite.)

NOMS DES ABSENTS

Rodolphe	}		Bienfait	}	
Cacheux	} à l'hôpital.		Bréguet	} à l'infirmerie.	
Blondel	}		Lucas	}	
Rivière	}		Laurent	}	

Lorsqu'on rappelle le tir des hommes en retard.
On suppose que des tireurs en retard aux distances

NUMÉROS annuels.	NOMS DES TIREURS en retard.	GRADE.	100 mètres.
19	Nicolas.	Caporal	
52	Louis	Fusilier	1
104	Pierre	Idem	1.1
106	Bouton.	Idem	
		Totaux	3
		Nombre de tireurs	2

Nota. Avant d'aller sur le terrain de tir, on barrera
quelles il n'est pas en retard, et on laissera en blanc celles
le terrain, au fur et à mesure que les tirs se font.

Verso
de la situation.
(Suite.)

OU NON DISPONIBLES.

Peter	}		Larue	}	
Paris	} en congé.		Paris	} de garde.	
Klein	}		Passas	} de cuisine.	
Prost	}		Bourdou	}	

les situations sont tracées de la manière suivante.
de 100 et 200 mètres, soient à rappeler.

100 mètres.	100 mètres.	200 mètres.	200 mètres.	200 mètres.	400 mètres.
		1.1.1	1.1	0	
1.1	1.1				
	1.1	0	1		
1.1.1	1.1.1	1.1	0		
5	7	5	3	0	
2	3	3	3	1	

pour chaque tireur, les colonnes et distances pour les-
pour lesquelles il est en retard, pour les remplir ensuite sur

Modèle F.
— | |.

Format.
Hauteur . . 0^m,210
Largeur . . 0^m,140

CARNET DE L'OFFICIER

Chaque page du carnet, verso ou recto,

1er TABLEAU. — TIR

DATES des tirs.	GRE-NADIERS.		1re COMPA-GNIE.		2e COMPA-GNIE.		3e COMPA-GNIE.	
	Tireurs.	Balles mises.	Tireurs.	Balles mises.	Tireurs.	Balles mises.	Tireurs.	Balles mises.
12 avril . .	70	136	70	146	68	140	75	166
13 avril . .	»	»	»	»	»	»	»	»
17 mai . .	6	10	2	3	5	16	3	12
10 juillet.	4	7	6	9	5	15	1	1
2 sept. .	»	»	2	4	1	3	»	»
4 sept. .	»	»	4	9	»	»	»	»
Totaux	80	153	83	171	79	174	79	179

Les 2e tableau pour le 2e tir, à 100 mètres }
   3e — 3e tir, à 100 } sont établis d'après
   4e — 1er tir, à 200 } le même modèle et
   5e — 2e tir, à 200 } remplis d'après les
   6e — 3e tir, à 200 } mêmes principes.

DE TIR DE BATAILLON.

ne doit contenir que le tir d'une distance.

À 100 MÈTRES (1er TIR).

DATES des tirs.	4e COMPA-GNIE.		5e COMPA-GNIE.		6e COMPA-GNIE.		VOL-TIGEURS.		TOTAUX.	
	Tireurs.	Balles mises.	Tireurs.	Balles mises.	Tireurs.	Balles mises.	Tireurs.	Balles mises.	Tireurs.	Balles mises.
12 avril . .	68	152	55	145	73	175	70	113		
13 avril . .	»	»	»	»	»	»	»	»		
17 mai . .	1	3	8	11	3	2	5	16		
10 juillet.	»	»	13	25	6	10	2	2		
2 sept. .	»	»	1	0	»	»	»	»		
4 sept. .	8	13	4	7	1	2	»	»		
Totaux	77	168	81	188	83	189	78	140	640	1,362

Les 7e tableau pour le 1er tir, à 400 mètres }
   8e — 2e tir, à 400 } sont établis d'après
   9e — 1er tir, à 600 } le même modèle et
   10e — 2e tir, à 600 } remplis d'après les mêmes principes.

MODÈLE F.
(Suite.)

11e TABLEAU. — FEUX DE TIRAILLEURS (1re SÉANCE).

DATES.	DISTANCES (1).	GRENADIERS.		1re COMPAGNIE.		2e COMPAGNIE.		3e COMPAGNIE.		4e COMPAGNIE.		5e COMPAGNIE.		6e COMPAGNIE.		VOLTIGEURS.		TOTAUX.	
		Tireurs.	Balles mises.	Tireurs.	Balles mises.	Tireurs.	Balles mises.	Tireurs.	Balles mises.	Tireurs.	Balles mises.	Tireurs.	Balles mises.	Tireurs.	Balles mises.	Tireurs.	Balles mises.	Tireurs.	Balles mises.
1er juillet . . .	250 mètres.	75	143	62	125	»	»												
2 juillet . . .	233	»	»	»	»	81	129												
Totaux . . .		75	143	62	125	81	129											405	923

(1) La distance à indiquer sera celle de la ligne des cibles à la base du mouvement.

12e TABLEAU. — FEUX DE TIRAILLEURS (2e SÉANCE).

Ce tableau doit être tracé comme le 11e, ci-dessus, et il est rempli d'après les mêmes principes.

Modèle F.
(Suite.)

13° TABLEAU. — FEUX DE

ESPÈCES DE FEUX.	DISTANCES.	GRENA-DIERS.		1re COMPA-GNIE.		2e COMPA-GNIE.	
		Tireurs.	Balles mises.	Tireurs.	Balles mises.	Tireurs.	Balles mises.
	mètres.						
Feux de peloton.	200	68	121	60	95		
	400	68	65	60	57		
Feux de deux rangs.	200	68	241	60	205		
	400	68	152	60	104		
Totaux . . .		272	»	240	»		
		»	570	»	461		

PELOTON ET DE DEUX RANGS.

	3e COMPA-GNIE.		4e COMPA-GNIE.		5e COMPA-GNIE.		6e COMPA-GNIE.		VOLTI-GEURS.		TOTAUX.	
	Tireurs.	Balles mises.	Tireurs.	Balles mises.	Tireurs.	Balles mises.	Tireurs.	Balles mises.	Tireurs.	Balles mises.	Tireurs.	Balles mises.
Totaux									512	»	»	1,040

Modèle F.
(Suite.)

TABLEAUX RELATIFS

1er TABLEAU. —

DATES.	100 MÈTRES.						1er tir.	
	1er tir.		2e tir.		3e tir.			
	Tireurs.	Balles mises.	Tireurs.	Balles mises.	Tireurs.	Balles mises.	Tireurs.	Balles mises.
1er juillet	162	326						
5 idem.	1	3	163	337				
9 idem.	»	»	»	»	163	330		
12 idem.	2	5	2	6	2	4	165	318
Totaux . . .	165 / »	» / 334	165 / »	» / 343	165 / »	» / 334	165 / »	» / 318

AUX JEUNES SOLDATS.

Tirs individuels.

200 MÈTRES.				400 MÈTRES.				600 MÈTRES.			
2e tir.		3e tir.		1er tir.		2e tir.		1er tir.		2e tir.	
Tireurs.	Balles mises.	Tireurs.	Balles mises.	Tireurs.	Balles mises.	Tireurs.	Balles mises.	Tireurs.	Balles mises.	Tireurs.	Balles mises.

MODÈLE F.
(Suite.)   2e TABLEAU. —

DATES.	Distances. (1)	1re séance.		2e séance.		DATES.
		Tireurs.	Balles mises.	Tireurs.	Balles mises.	
		FEUX DE TIRAILLEURS.				FEUX
5 septembre	219	127	195	»	»	13 septembre
5 idem . . .	527	»	»	127	103	
12 octobre .	255	95	167	»	»	
17 idem . .	476	»	»	95	72	
Totaux . . .		222	»	222	»	Totaux . .
		»	302	»	175	

(1) Dans les feux de tirailleurs, la distance à indiquer est celle

FEUX D'ENSEMBLE.

DE PELOTON.				DATES.	FEUX DE DEUX RANGS.			
200 mètres.		400 mètres.			200 mètres.		400 mètres.	
Tireurs.	Balles mises.	Tireurs.	Balles m ses.		Tireurs.	Balles mises.	Tireurs.	Balles mises.
125	132	125	109	11 sept. .	125	388	125	297
				17 octobre.	94	236	»	»
				Totaux .	219	»		
					»	624		

de la ligne des cibles, à la base du mouvement.

4.

MODÈLE G.

FORMAT.

Hauteur . . 0^m,340
Largeur . . 0^m,215

État des munitions distribuées aux compagnies pendant le 2° trimestre 186 .

NUMÉROS DES		NOMBRE des cartouches à balles.	OBSERVATIONS.
Bataillons.	Compagnies.		
	BONS DES COMPAGNIES.		
1er.	Grenadiers .		
	1re.		
	2e.		
	3e.		
	4e.		
	5e.		
	6e.		
	Voltigeurs .		
2e.	Grenadiers .		
	1re.		
	2e.		
	3e.		
	4e.		
	5e.		
	6e.		
	Voltigeurs .		
	BONS DES LIEUTENANTS DE TIR.		
	BONS DU CAPITAINE INSTRUCTEUR.		
	Total. . .		

A   , le   186 .

L'Officier d'armement,

FORMAT.   MODÈLE II.
———

Hauteur . . 0^m,340
Largeur . . 0^m,215

*État des munitions brûlées par le régiment
pendant le 2ᵉ trimestre 186 .*

NUMÉROS DES		NOMBRE des cartouches à balles.	OBSERVATIONS.
Bataillons.	Compagnies.		
	ANCIENS SOLDATS.		
1ᵉʳ.	Grenadiers .		
	1ʳᵉ.		
	2ᵉ.		
	3ᵉ.		
	4ᵉ.		
	5ᵉ.		
	6ᵉ.		
	Voltigeurs .		
2ᵉ.	Grenadiers .		
	1ʳᵉ.		
	2ᵉ.		
	3ᵉ.		
	4ᵉ.		
	5ᵉ.		
	6ᵉ.		
	Voltigeurs .		
	JEUNES SOLDATS.		
1ᵉʳ.			
2ᵉ.			
	OFFICIERS.		
	Total . . .		

A   , le   186 .

Le capitaine instructeur de tir,

MODÈLE K.

FORMAT

Hauteur . . 0^m,340
Largeur . . 0^m,215

ᶜ RÉGIMENT.

ᵉ Bataillon. — ᵉ Compagnie.

État des mutations survenues avant, pendant ou après les exercices du tir.

NUMÉRO annuel.	NOMS et prénoms.	Grades.	TIRS FAITS aux distances de	MUTATIONS.
		GAINS.		
		PERTES.		

Le Commandant de la compagnie,

Cet état doit être fourni, pour la première fois, à la reprise du tir à la cible, et contenir toutes les mutations depuis le 1ᵉʳ janvier.

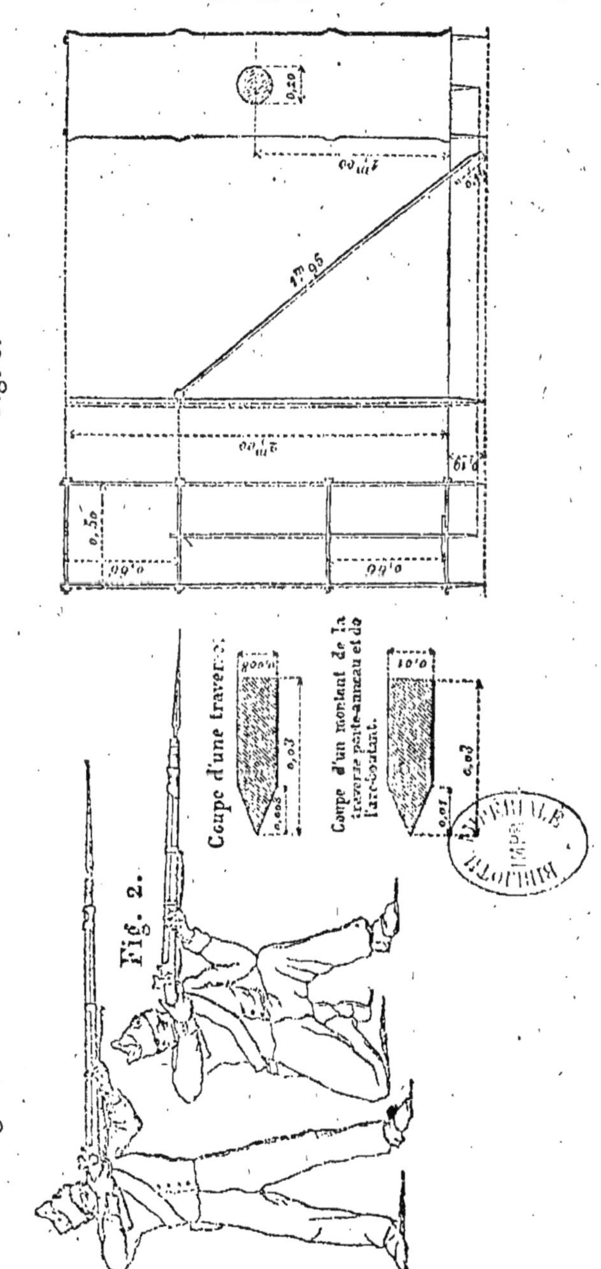
Fig. 3.
Fig. 2.
Fig. 1.
Coupe d'une traverse.
Coupe d'un montant de la traverse porte-anneau et de l'arc-boutant.

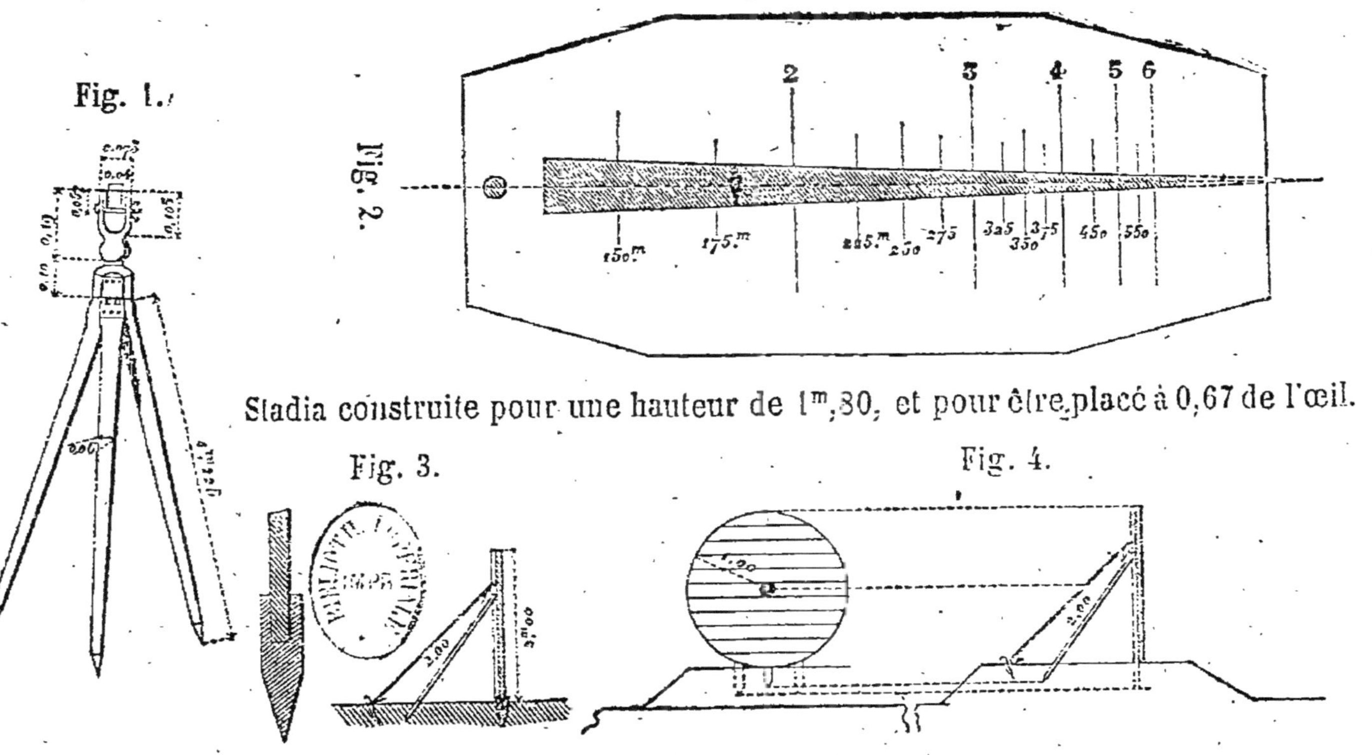

Fig. 1.
Fig. 2.
2 3 4 5 6
150.m 175.m 225.m 250 275 325 350 375 450 550
Stadia construite pour une hauteur de 1m,30, et pour être placé à 0,67 de l'œil.
Fig. 3.
Fig. 4.
1,20

PRIX RÉGLEMENTAIRE DE TIR.

ÉPINGLETTES D'HONNEUR.

Chaine et grenade en argent.

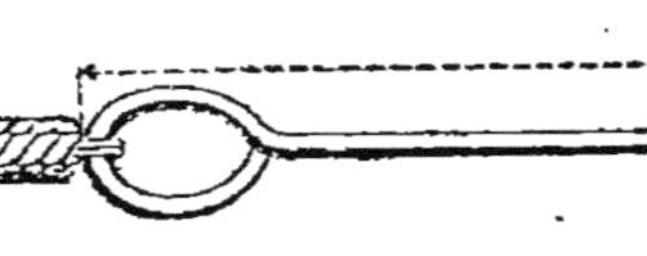

Longueur totale de la chaine 40 centimètres.

L'épinglette du 1er prix de tir ne diffère des autres que par l'inscription gravée sur la grenade.

Sur la grenade de l'épinglette du 1er, on lit: 1er prix de tir; sur la grenade des autres épinglettes, on lit simplement: prix de tir.

Agrafe en fer.

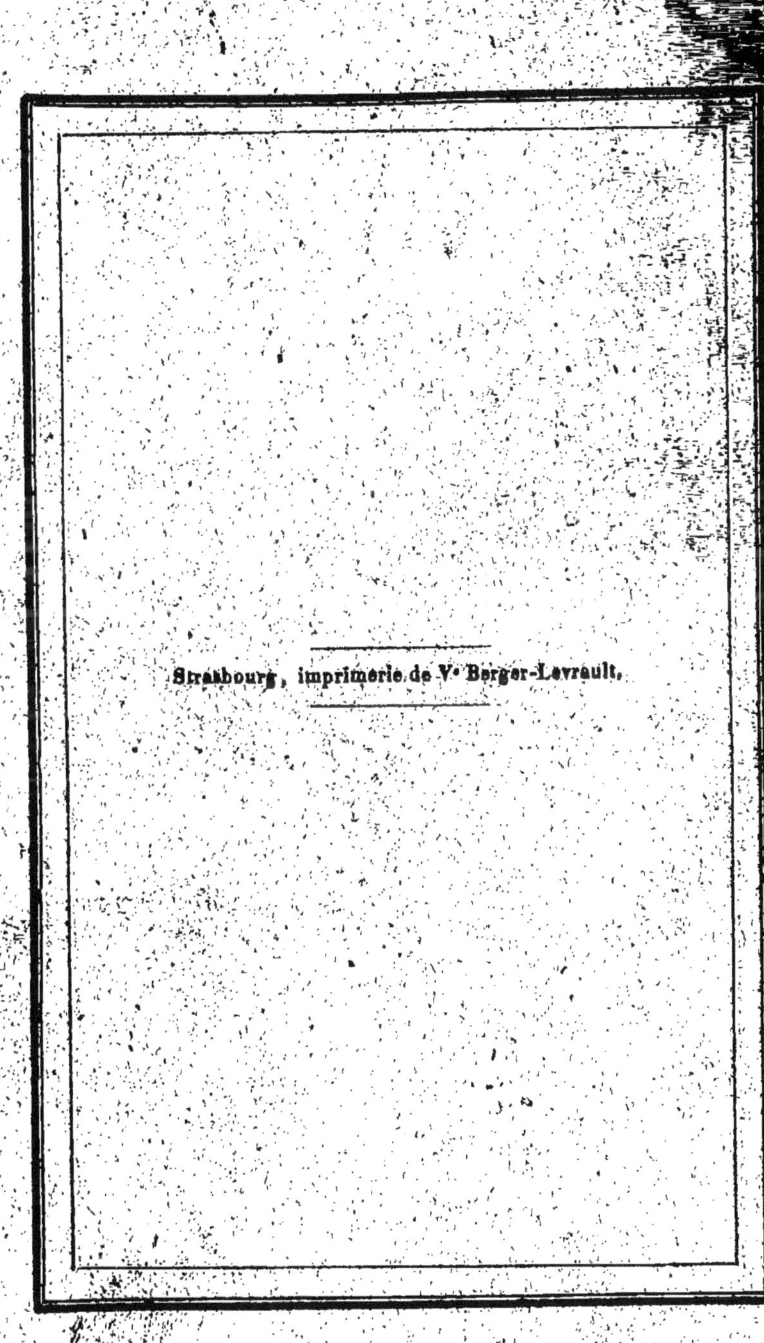

Strasbourg, imprimerie de Vᵉ Berger-Levrault.